T&P BOOKS

RUSSISCH

WOORDENSCHAT

NEDERLANDS RUSSISCH

De meest bruikbare woorden
Om uw woordenschat uit te breiden en
uw taalvaardigheid aan te scherpen

3000 woorden

Thematische woordenschat Nederlands-Russisch - 3000 woorden

Door Andrey Taranov

Woordenlijsten van T&P Books zijn bedoeld om u woorden van een vreemde taal te helpen leren, onthouden, en bestudering. Dit woordenboek is ingedeeld in thema's en behandelt alle belangrijk terreinen van het dagelijkse leven, bedrijven, wetenschap, cultuur, etc.

Het proces van het leren van woorden met behulp van de op thema's gebaseerde aanpak van T&P Books biedt u de volgende voordelen:

*   Correct gegroepeerde informatie is bepalend voor succes bij opeenvolgende stadia van het leren van woorden
*   De beschikbaarheid van woorden die van dezelfde stam zijn maakt het mogelijk om woordgroepen te onthouden (in plaats van losse woorden)
*   Kleine groepen van woorden faciliteren het proces van het aanmaken van associatieve verbindingen, die nodig zijn bij het consolideren van de woordenschat
*   Het niveau van talenkennis kan worden ingeschat door het aantal geleerde woorden

T&P Books Publishing
www.tpbooks.com

ISBN: 978-1-78492-390-7

Dit boek is ook beschikbaar in e-boek formaat.
Gelieve www.tpbooks.com te bezoeken of de belangrijkste online boekwinkels.

RUSSISCHE WOORDENSCHAT
nieuwe woorden leren

T&P Books woordenlijsten zijn bedoeld om u te helpen vreemde woorden te leren, te onthouden, en te bestuderen. De woordenschat bevat meer dan 3000 veel gebruikte woorden die thematisch geordend zijn.

- De woordenlijst bevat de meest gebruikte woorden
- Aanbevolen als aanvulling bij welke taalcursus dan ook
- Voldoet aan de behoeften van de beginnende en gevorderde student in vreemde talen
- Geschikt voor dagelijks gebruik, bestudering en zelftestactiviteiten
- Maakt het mogelijk om uw woordenschat te evalueren

Bijzondere kenmerken van de woordenschat

- De woorden zijn gerangschikt naar hun betekenis, niet volgens alfabet
- De woorden worden weergegeven in drie kolommen om bestudering en zelftesten te vergemakkelijken
- Woorden in groepen worden verdeeld in kleine blokken om het leerproces te vergemakkelijken
- De woordenschat biedt een handige en eenvoudige beschrijving van elk buitenlands woord

De woordenschat bevat 101 onderwerpen zoals:

Basisconcepten, getallen, kleuren, maanden, seizoenen, meeteenheden, kleding en accessoires, eten & voeding, restaurant, familieleden, verwanten, karakter, gevoelens, emoties, ziekten, stad, dorp, bezienswaardigheden, winkelen, geld, huis, thuis, kantoor, werken op kantoor, import & export, marketing, werk zoeken, sport, onderwijs, computer, internet, gereedschap, natuur, landen, nationaliteiten en meer …

INHOUDSOPGAVE

Uitspraakgids	8
Afkortingen	10

BASISBEGRIPPEN	12
1. Voornaamwoorden	12
2. Begroetingen. Begroetingen	12
3. Vragen	13
4. Voorzetsels	13
5. Functiewoorden. Bijwoorden. Deel 1	14
6. Functiewoorden. Bijwoorden. Deel 2	16

GETALLEN. DIVERSEN	17
7. Kardinale getallen. Deel 1	17
8. Kardinale getallen. Deel 2	18
9. Ordinale getallen	18

KLEUREN. MEETEENHEDEN	19
10. Kleuren	19
11. Meeteenheden	19
12. Containers	20

BELANGRIJKSTE WERKWOORDEN	22
13. De belangrijkste werkwoorden. Deel 1	22
14. De belangrijkste werkwoorden. Deel 2	23
15. De belangrijkste werkwoorden. Deel 3	23
16. De belangrijkste werkwoorden. Deel 4	24

TIJD. KALENDER	26
17. Dagen van de week	26
18. Uren. Dag en nacht	26
19. Maanden. Seizoenen	27

REIZEN. HOTEL 30

20. Trip. Reizen 30
21. Hotel 30
22. Bezienswaardigheden 31

VERVOER 33

23. Vliegveld 33
24. Vliegtuig 34
25. Trein 35
26. Schip 36

STAD 38

27. Stedelijk vervoer 38
28. Stad. Het leven in de stad 39
29. Stedelijke instellingen 40
30. Borden 41
31. Winkelen 42

KLEDING EN ACCESSOIRES 44

32. Bovenkleding. Jassen 44
33. Heren & dames kleding 44
34. Kleding. Ondergoed 45
35. Hoofddeksels 45
36. Schoeisel 45
37. Persoonlijke accessoires 46
38. Kleding. Diversen 46
39. Persoonlijke verzorging. Schoonheidsmiddelen 47
40. Horloges. Klokken 48

ALLEDAAGSE ERVARING 49

41. Geld 49
42. Post. Postkantoor 50
43. Bankieren 50
44. Telefoon. Telefoongesprek 51
45. Mobiele telefoon 52
46. Schrijfbehoeften 52
47. Vreemde talen 53

MAALTIJDEN. RESTAURANT 55

48. Tafelschikking 55
49. Restaurant 55
50. Maaltijden 55
51. Bereide gerechten 56
52. Voedsel 57

53. Drankjes 59
54. Groenten 60
55. Vruchten. Noten 61
56. Brood. Snoep 61
57. Kruiden 62

PERSOONLIJKE INFORMATIE. FAMILIE 63

58. Persoonlijke informatie. Formulieren 63
59. Familieleden. Verwanten 63
60. Vrienden. Collega's 64

MENSELIJK LICHAAM. GENEESKUNDE 66

61. Hoofd 66
62. Menselijk lichaam 67
63. Ziekten 67
64. Symptomen. Behandelingen. Deel 1 69
65. Symptomen. Behandelingen. Deel 2 70
66. Symptomen. Behandelingen. Deel 3 71
67. Geneeskunde. Medicijnen. Accessoires 71

APPARTEMENT 73

68. Appartement 73
69. Meubels. Interieur 73
70. Beddengoed 74
71. Keuken 74
72. Badkamer 75
73. Huishoudelijke apparaten 76

DE AARDE. WEER 77

74. De kosmische ruimte 77
75. De Aarde 78
76. Windrichtingen 79
77. Zee. Oceaan 79
78. Namen van zeeën en oceanen 80
79. Bergen 81
80. Bergen namen 82
81. Rivieren 82
82. Namen van rivieren 83
83. Bos 83
84. Natuurlijke hulpbronnen 84
85. Weer 85
86. Zwaar weer. Natuurrampen 86

FAUNA 88

87. Zoogdieren. Roofdieren 88
88. Wilde dieren 88

89. Huisdieren   89
90. Vogels   90
91. Vis. Zeedieren   92
92. Amfibieën. Reptielen   92
93. Insecten   93

FLORA   94

94. Bomen   94
95. Heesters   94
96. Vruchten. Bessen   95
97. Bloemen. Planten   96
98. Granen, graankorrels   97

LANDEN VAN DE WERELD   98

99. Landen. Deel 1   98
100. Landen. Deel 2   99
101. Landen. Deel 3   99

UITSPRAAKGIDS

T&P fonetisch alfabet	Russisch voorbeeld	Nederlands voorbeeld

Medeklinkers

[b]	абрикос [abrikós]	hebben
[d]	квадрат [kvadrát]	Dank u, honderd
[f]	реформа [refórma]	feestdag, informeren
[g]	глина [glína]	goal, tango
[ʒ]	массажист [masaʒíst]	journalist, rouge
[j]	пресный [présnij]	New York, januari
[h], [x]	мех, Пасха [méh], [pásxa]	het, herhalen
[k]	кратер [krátɛr]	kennen, kleur
[l]	лиловый [lilóvij]	delen, luchter
[m]	молоко [mɔlɔkó]	morgen, etmaal
[n]	нут, пони [nút], [póni]	nemen, zonder
[p]	пират [pirát]	parallel, koper
[r]	ручей [ruʧéj]	roepen, breken
[s]	суслик [súslik]	spreken, kosten
[t]	тоннель [tɔnélʲ]	tomaat, taart
[ʃ]	лишайник [liʃájnik]	shampoo, machine
[ʧ]	врач, речь [vráʧ], [réʧʲ]	Tsjechië, cello
[ts]	кузнец [kuznéts]	niets, plaats
[ʃʲ]	мощность [móʃʲnɔstʲ]	Chicago, jasje
[v]	молитва [mɔlítva]	beloven, schrijven
[z]	дизайнер [dizájner]	zeven, zesde

Aanvullende symbolen

[ʲ]	дикарь [dikárʲ]	palatalisatie teken
[·]	автопилот [afto·pilót]	hoge punt
[ˈ]	заплата [zaplátа]	hoofdklemtoon

Beklemtoonde klinkers

[á]	платье [plátje]	acht
[é]	лебедь [lébetʲ]	delen, spreken
[ǿ]	шахтёр [ʃahtǿr]	New York, jongen
[í]	организм [organízm]	bidden, tint
[ó]	роспись [róspisʲ]	overeenkomst
[ú]	инсульт [insúlʲt]	hoed, doe

T&P fonetisch alfabet	Russisch voorbeeld	Nederlands voorbeeld
[ı]	добыча [dɔbĭʧa]	iemand, die
[æ]	полиэстер [pɔliǽstɛr]	Nederlands Nedersaksisch - dät, Engels - cat
[ʲú], [jú]	салют, юг [salʲút], [júg]	jullie, aquarium
[ʲá], [já]	связь, я [svʲásʲ], [já]	januari, jaar

Onbeklemtoonde klinkers

[a]	гравюра [gravʲúra]	neutrale klinker, vergelijkbaar met een sjwa [ə]
[e]	кенгуру [kengurú]	neutrale klinker, vergelijkbaar met een sjwa [ə]
[ə]	пожалуйста [pɔʒáləsta]	formule, wachten
[i]	рисунок [risúnɔk]	bidden, tint
[ɔ]	железо [ʒelézɔ]	neutrale klinker, vergelijkbaar met een sjwa [ə]
[u]	вирус [vírus]	hoed, doe
[i]	первый [pérvij]	iemand, die
[ɛ]	аэропорт [aɛrɔpórt]	elf, zwembad
[ʲu], [ju]	брюнет [brʲunét]	jullie, aquarium
[ı], [jı]	заяц, язык [záıts], [jızĭk]	neutrale klinker, vergelijkbaar met een sjwa [ə]
[ʲa], [ja]	няня, копия [nʲánʲa], [kópija]	januari, jaar

AFKORTINGEN
gebruikt in de woordenschat

Nederlandse afkortingen

abn	-	als bijvoeglijk naamwoord
bijv.	-	bijvoorbeeld
bn	-	bijvoeglijk naamwoord
bw	-	bijwoord
enk.	-	enkelvoud
enz.	-	enzovoort
form.	-	formele taal
inform.	-	informele taal
mann.	-	mannelijk
mil.	-	militair
mv.	-	meervoud
on.ww.	-	onovergankelijk werkwoord
ontelb.	-	ontelbaar
ov.	-	over
ov.ww.	-	overgankelijk werkwoord
telb.	-	telbaar
vn	-	voornaamwoord
vrouw.	-	vrouwelijk
vw	-	voegwoord
vz	-	voorzetsel
wisk.	-	wiskunde
ww	-	werkwoord

Nederlandse artikelen

de	-	gemeenschappelijk geslacht
de/het	-	gemeenschappelijk geslacht, onzijdig
het	-	onzijdig

Russische afkortingen

BO3B	-	reflexief werkwoord
Ж	-	vrouwelijk zelfstandig naamwoord
Ж МН	-	vrouwelijk meervoud
М	-	mannelijk zelfstandig naamwoord
М МН	-	mannelijk meervoud

м, ж	-	mannelijk, vrouwelijk
мн	-	meervoud
н/пх	-	onovergankelijk, overgankelijk werkwoord
н/св	-	perfectief/imperfectief
нпх	-	onovergankelijk werkwoord
нсв	-	imperfectief
пх	-	overgankelijk werkwoord
с	-	onzijdig
с мн	-	onzijdig meervoud
св	-	perfectief

BASISBEGRIPPEN

1. Voornaamwoorden

ik	я	[já]
jij, je	ты	[tĭ]
hij	он	[ón]
zij, ze	она	[ɔná]
het	оно	[ɔnó]
wij, we	мы	[mĭ]
jullie	вы	[vĭ]
zij, ze	они	[ɔní]

2. Begroetingen. Begroetingen

Hallo! Dag!	Здравствуй!	[zdrástvuj]
Hallo!	Здравствуйте!	[zdrástvujte]
Goedemorgen!	Доброе утро!	[dóbrɔe útrɔ]
Goedemiddag!	Добрый день!	[dóbrij dénʲ]
Goedenavond!	Добрый вечер!	[dóbrij vetʃer]
gedag zeggen (groeten)	здороваться (нсв, возв)	[zdɔróvatsa]
Hoi!	Привет!	[privét]
groeten (het)	привет (м)	[privét]
verwelkomen (ww)	приветствовать (нсв, пх)	[privétstvɔvatʲ]
Is er nog nieuws?	Что нового?	[ʃtó nóvɔvɔ?]
Dag! Tot ziens!	До свидания!	[dɔ svidánija]
Tot snel! Tot ziens!	До скорой встречи!	[dɔ skórɔj fstrétʃi]
Vaarwel! (inform.)	Прощай!	[prɔʃáj]
Vaarwel! (form.)	Прощайте!	[prɔʃájte]
afscheid nemen (ww)	прощаться (нсв, возв)	[prɔʃátsa]
Tot kijk!	Пока!	[pɔká]
Dank u!	Спасибо!	[spasíbɔ]
Dank u wel!	Большое спасибо!	[bɔlʲʃóe spasíbɔ]
Graag gedaan	Пожалуйста	[pɔʒálesta]
Geen dank!	Не стоит благодарности	[ne stóit blagɔdárnɔsti]
Geen moeite.	Не за что	[né za ʃtɔ]
Excuseer me, ... (inform.)	Извини!	[izviní]
Excuseer me, ... (form.)	Извините!	[izviníte]
excuseren (verontschuldigen)	извинять (нсв, пх)	[izvinʲátʲ]
zich verontschuldigen	извиняться (нсв, возв)	[izvinʲátsa]
Mijn excuses.	Мои извинения	[mɔí izvinénija]

Het spijt me!	Простите!	[prɔstíte]
vergeven (ww)	прощать (нсв, пх)	[prɔʃátʲ]
Maakt niet uit!	Ничего страшного	[nitʃevó stráʃnɔvɔ]
alsjeblieft	пожалуйста	[pɔʒáləsta]

Vergeet het niet!	Не забудьте!	[ne zabútʲte]
Natuurlijk!	Конечно!	[kɔnéʃnɔ]
Natuurlijk niet!	Конечно нет!	[kɔnéʃnɔ nét]
Akkoord!	Согласен!	[sɔglásen]
Zo is het genoeg!	Хватит!	[hvátit]

3. Vragen

Wie?	Кто?	[któ?]
Wat?	Что?	[ʃtó?]
Waar?	Где?	[gdé?]
Waarheen?	Куда?	[kudá?]
Waarvandaan?	Откуда?	[ɔtkúda?]
Wanneer?	Когда?	[kɔgdá?]
Waarom?	Зачем?	[zatʃém?]
Waarom?	Почему?	[pɔtʃemú?]

Waarvoor dan ook?	Для чего?	[dlʲa tʃevó?]
Hoe?	Как?	[kák?]
Wat voor ...?	Какой?	[kakój?]
Welk?	Который?	[kɔtórij?]

Aan wie?	Кому?	[kɔmú?]
Over wie?	О ком?	[ɔ kóm?]
Waarover?	О чём?	[ɔ tʃóm?]
Met wie?	С кем?	[s kém?]

Hoeveel?	Сколько?	[skólʲkɔ?]
Hoeveel? (ontelb.)	Сколько?	[skólʲkɔ?]
Van wie? (mann.)	Чей?	[tʃéj?]
Van wie? (vrouw.)	Чья?	[tʃjá?]
Van wie? (mv.)	Чьи?	[tʃjí?]

4. Voorzetsels

met (bijv. ~ beleg)	с	[s]
zonder (~ accent)	без	[bez], [bes]
naar (in de richting van)	в	[f], [v]
over (praten ~)	о	[ɔ]
voor (in tijd)	перед	[péred]
voor (aan de voorkant)	перед	[péred]

onder (lager dan)	под	[pɔd]
boven (hoger dan)	над	[nád]
op (bovenop)	на	[na]
van (uit, afkomstig van)	из	[iz], [is]
van (gemaakt van)	из	[iz], [is]

| over (bijv. ~ een uur) | через | [tʃérez] |
| over (over de bovenkant) | через | [tʃérez] |

5. Functiewoorden. Bijwoorden. Deel 1

Waar?	Где?	[gdé?]
hier (bw)	здесь	[zdésʲ]
daar (bw)	там	[tám]

| ergens (bw) | где-то | [gdé-to] |
| nergens (bw) | нигде | [nigdé] |

| bij ... (in de buurt) | у, около | [u], [ókolo] |
| bij het raam | у окна | [u okná] |

Waarheen?	Куда?	[kudá?]
hierheen (bw)	сюда	[sʲudá]
daarheen (bw)	туда	[tudá]
hiervandaan (bw)	отсюда	[otsʲúda]
daarvandaan (bw)	оттуда	[ottúda]

| dichtbij (bw) | близко | [blísko] |
| ver (bw) | далеко | [dalekó] |

in de buurt (van ...)	около	[ókolo]
dichtbij (bw)	рядом	[rʲádom]
niet ver (bw)	недалеко	[nedalekó]

linker (bn)	левый	[lévij]
links (bw)	слева	[sléva]
linksaf, naar links (bw)	налево	[nalévo]

rechter (bn)	правый	[právij]
rechts (bw)	справа	[správa]
rechtsaf, naar rechts (bw)	направо	[naprávo]

vooraan (bw)	спереди	[spéredi]
voorste (bn)	передний	[perédnij]
vooruit (bw)	вперёд	[fperǿd]

achter (bw)	сзади	[szádi]
van achteren (bw)	сзади	[szádi]
achteruit (naar achteren)	назад	[nazád]

| midden (het) | середина (ж) | [seredína] |
| in het midden (bw) | посередине | [poseredíne] |

opzij (bw)	сбоку	[zbóku]
overal (bw)	везде	[vezdé]
omheen (bw)	вокруг	[vokrúg]

binnenuit (bw)	изнутри	[iznutrí]
naar ergens (bw)	куда-то	[kudá-to]
rechtdoor (bw)	напрямик	[naprɪmík]

terug (bijv. ~ komen)	обратно	[ɔbrátnɔ]
ergens vandaan (bw)	откуда-нибудь	[ɔtkúda-nibutʲ]
ergens vandaan (en dit geld moet ~ komen)	откуда-то	[ɔtkúda-tɔ]

ten eerste (bw)	во-первых	[vɔ-pérvih]
ten tweede (bw)	во-вторых	[vɔ-ftɔrīh]
ten derde (bw)	в-третьих	[f trétjih]

plotseling (bw)	вдруг	[vdrúg]
in het begin (bw)	вначале	[vnatʃále]
voor de eerste keer (bw)	впервые	[fpervīje]
lang voor … (bw)	задолго до …	[zadólgɔ dɔ …]
opnieuw (bw)	заново	[zánɔvɔ]
voor eeuwig (bw)	насовсем	[nasɔfsém]

nooit (bw)	никогда	[nikɔgdá]
weer (bw)	опять	[ɔpʲátʲ]
nu (bw)	теперь	[tepérʲ]
vaak (bw)	часто	[tʃástɔ]
toen (bw)	тогда	[tɔgdá]
urgent (bw)	срочно	[srótʃnɔ]
meestal (bw)	обычно	[ɔbītʃnɔ]

trouwens, … (tussen haakjes)	кстати, …	[kstáti, …]
mogelijk (bw)	возможно	[vɔzmóʒnɔ]
waarschijnlijk (bw)	вероятно	[verɔjátnɔ]
misschien (bw)	может быть	[móʒet bītʲ]
trouwens (bw)	кроме того, …	[króme tɔvó, …]
daarom …	поэтому …	[pɔǽtɔmu …]

in weerwil van …	несмотря на …	[nesmɔtrʲá na …]
dankzij …	благодаря …	[blagɔdarʲá …]

wat (vn)	что	[ʃtó]
dat (vw)	что	[ʃtó]
iets (vn)	что-то	[ʃtó-tɔ]

iets	что-нибудь	[ʃtó-nibutʲ]
niets (vn)	ничего	[nitʃevó]

wie (~ is daar?)	кто	[któ]
iemand (een onbekende)	кто-то	[któ-tɔ]
iemand (een bepaald persoon)	кто-нибудь	[któ-nibutʲ]

niemand (vn)	никто	[niktó]
nergens (bw)	никуда	[nikudá]

niemands (bn)	ничей	[nitʃéj]
iemands (bn)	чей-нибудь	[tʃej-nibútʲ]

zo (Ik ben ~ blij)	так	[ták]
ook (evenals)	также	[tágʒe]
alsook (eveneens)	тоже	[tóʒe]

6. Functiewoorden. Bijwoorden. Deel 2

Waarom?	Почему?	[potʃemú?]
om een bepaalde reden	почему-то	[potʃemú-tɔ]
omdat ...	потому, что ...	[potɔmú, ʃtó ...]
voor een bepaald doel	зачем-то	[zatʃém-tɔ]

en (vw)	и	[i]
of (vw)	или	[íli]
maar (vw)	но	[nó]
voor (vz)	для	[dlʲá]

te (~ veel mensen)	слишком	[slíʃkɔm]
alleen (bw)	только	[tólʲkɔ]
precies (bw)	точно	[tótʃnɔ]
ongeveer (~ 10 kg)	около	[ókɔlɔ]

omstreeks (bw)	приблизительно	[priblizítelʲnɔ]
bij benadering (bn)	приблизительный	[priblizítelʲnij]
bijna (bw)	почти	[potʃtí]
rest (de)	остальное (c)	[ɔstalʲnóe]

elk (bn)	каждый	[káʒdij]
om het even welk	любой	[lʲubój]
veel (grote hoeveelheid)	много	[mnógɔ]
veel mensen	многие	[mnógie]
iedereen (alle personen)	все	[fsé]

in ruil voor ...	в обмен на ...	[v ɔbmén na ...]
in ruil (bw)	взамен	[vzamén]
met de hand (bw)	вручную	[vrutʃnúju]
onwaarschijnlijk (bw)	вряд ли	[vrʲát lí]

waarschijnlijk (bw)	наверное	[navérnɔe]
met opzet (bw)	нарочно	[naróʃnɔ]
toevallig (bw)	случайно	[slutʃájnɔ]

zeer (bw)	очень	[ótʃenʲ]
bijvoorbeeld (bw)	например	[naprimér]
tussen (~ twee steden)	между	[méʒdu]
tussen (te midden van)	среди	[sredí]
zoveel (bw)	столько	[stólʲkɔ]
vooral (bw)	особенно	[ɔsóbennɔ]

GETALLEN. DIVERSEN

7. Kardinale getallen. Deel 1

nul	ноль	[nólʲ]
een	один	[ɔdín]
twee	два	[dvá]
drie	три	[trí]
vier	четыре	[t͡ʃetíre]

vijf	пять	[pʲátʲ]
zes	шесть	[ʃǽstʲ]
zeven	семь	[sémʲ]
acht	восемь	[vósemʲ]
negen	девять	[dévɪtʲ]

tien	десять	[désɪtʲ]
elf	одиннадцать	[ɔdínatsatʲ]
twaalf	двенадцать	[dvenátsatʲ]
dertien	тринадцать	[trinátsatʲ]
veertien	четырнадцать	[t͡ʃetírnatsatʲ]

vijftien	пятнадцать	[pitnátsatʲ]
zestien	шестнадцать	[ʃɛsnátsatʲ]
zeventien	семнадцать	[semnátsatʲ]
achttien	восемнадцать	[vɔsemnátsatʲ]
negentien	девятнадцать	[devitnátsatʲ]

twintig	двадцать	[dvátsatʲ]
eenentwintig	двадцать один	[dvátsatʲ ɔdín]
tweeëntwintig	двадцать два	[dvátsatʲ dvá]
drieëntwintig	двадцать три	[dvátsatʲ trí]

dertig	тридцать	[trítsatʲ]
eenendertig	тридцать один	[trítsatʲ ɔdín]
tweeëndertig	тридцать два	[trítsatʲ dvá]
drieëndertig	тридцать три	[trítsatʲ trí]

veertig	сорок	[sórɔk]
eenenveertig	сорок один	[sórɔk ɔdín]
tweeënveertig	сорок два	[sórɔk dvá]
drieënveertig	сорок три	[sórɔk trí]

vijftig	пятьдесят	[pɪtʲdesʲát]
eenenvijftig	пятьдесят один	[pɪtʲdesʲát ɔdín]
tweeënvijftig	пятьдесят два	[pɪtʲdesʲát dvá]
drieënvijftig	пятьдесят три	[pɪtʲdesʲát trí]

zestig	шестьдесят	[ʃɛstʲdesʲát]
eenenzestig	шестьдесят один	[ʃɛstʲdesʲát ɔdín]

tweeënzestig	шестьдесят два	[ʃɛstʲdesʲát dvá]
drieënzestig	шестьдесят три	[ʃɛstʲdesʲát trí]

zeventig	семьдесят	[sémʲdesɪt]
eenenzeventig	семьдесят один	[sémʲdesɪt ɔdín]
tweeënzeventig	семьдесят два	[sémʲdesɪt dvá]
drieënzeventig	семьдесят три	[sémʲdesɪt trí]

tachtig	восемьдесят	[vósemʲdesɪt]
eenentachtig	восемьдесят один	[vósemʲdesɪt ɔdín]
tweeëntachtig	восемьдесят два	[vósemʲdesɪt dvá]
drieëntachtig	восемьдесят три	[vósemʲdesɪt trí]

negentig	девяносто	[devɪnóstɔ]
eenennegentig	девяносто один	[devɪnóstɔ ɔdín]
tweeënnegentig	девяносто два	[devɪnóstɔ dvá]
drieënnegentig	девяносто три	[devɪnóstɔ trí]

8. Kardinale getallen. Deel 2

honderd	сто	[stó]
tweehonderd	двести	[dvésti]
driehonderd	триста	[trísta]
vierhonderd	четыреста	[ʧetîresta]
vijfhonderd	пятьсот	[pɪtʲsót]

zeshonderd	шестьсот	[ʃɛstʲsót]
zevenhonderd	семьсот	[semʲsót]
achthonderd	восемьсот	[vɔsemʲsót]
negenhonderd	девятьсот	[devɪtʲsót]

duizend	тысяча	[tîsɪʧa]
tweeduizend	две тысячи	[dve tîsɪʧi]
drieduizend	три тысячи	[trí tîsɪʧi]
tienduizend	десять тысяч	[désɪtʲ tîsʲaʧ]
honderdduizend	сто тысяч	[stó tîsɪʧ]
miljoen (het)	миллион (м)	[milión]
miljard (het)	миллиард (м)	[miliárd]

9. Ordinale getallen

eerste (bn)	первый	[pérvij]
tweede (bn)	второй	[ftɔrój]
derde (bn)	третий	[trétij]
vierde (bn)	четвёртый	[ʧetvǿrtij]
vijfde (bn)	пятый	[pʲátij]

zesde (bn)	шестой	[ʃɛstój]
zevende (bn)	седьмой	[sedʲmój]
achtste (bn)	восьмой	[vɔsʲmój]
negende (bn)	девятый	[devʲátij]
tiende (bn)	десятый	[desʲátij]

KLEUREN. MEETEENHEDEN

10. Kleuren

kleur (de)	цвет (м)	[tsvét]
tint (de)	оттенок (м)	[ɔtténɔk]
kleurnuance (de)	тон (м)	[tón]
regenboog (de)	радуга (ж)	[ráduga]
wit (bn)	белый	[bélij]
zwart (bn)	чёрный	[tʃórnij]
grijs (bn)	серый	[sérij]
groen (bn)	зелёный	[zelǿnij]
geel (bn)	жёлтый	[ʒóltij]
rood (bn)	красный	[krásnij]
blauw (bn)	синий	[sínij]
lichtblauw (bn)	голубой	[gɔlubój]
roze (bn)	розовый	[rózɔvij]
oranje (bn)	оранжевый	[ɔránʒevij]
violet (bn)	фиолетовый	[fiɔlétɔvij]
bruin (bn)	коричневый	[kɔrítʃnevij]
goud (bn)	золотой	[zɔlɔtój]
zilverkleurig (bn)	серебристый	[serebrístij]
beige (bn)	бежевый	[béʒevij]
roomkleurig (bn)	кремовый	[krémɔvij]
turkoois (bn)	бирюзовый	[birʲuzóvij]
kersrood (bn)	вишнёвый	[viʃnǿvij]
lila (bn)	лиловый	[lilóvij]
karmijnrood (bn)	малиновый	[malínɔvij]
licht (bn)	светлый	[svétlij]
donker (bn)	тёмный	[tǿmnij]
fel (bn)	яркий	[járkij]
kleur-, kleurig (bn)	цветной	[tsvetnój]
kleuren- (abn)	цветной	[tsvetnój]
zwart-wit (bn)	чёрно-белый	[tʃórnɔ-bélij]
eenkleurig (bn)	одноцветный	[ɔdnɔtsvétnij]
veelkleurig (bn)	разноцветный	[raznɔtsvétnij]

11. Meeteenheden

gewicht (het)	вес (м)	[vés]
lengte (de)	длина (ж)	[dliná]

breedte (de)	ширина (ж)	[ʃiriná]
hoogte (de)	высота (ж)	[vɨsɔtá]
diepte (de)	глубина (ж)	[glubiná]
volume (het)	объём (м)	[ɔbjóm]
oppervlakte (de)	площадь (ж)	[plóʃatʲ]

gram (het)	грамм (м)	[grám]
milligram (het)	миллиграмм (м)	[miligrám]
kilogram (het)	килограмм (м)	[kilɔgrám]
ton (duizend kilo)	тонна (ж)	[tónna]
pond (het)	фунт (м)	[fúnt]
ons (het)	унция (ж)	[úntsija]

meter (de)	метр (м)	[métr]
millimeter (de)	миллиметр (м)	[milimétr]
centimeter (de)	сантиметр (м)	[santimétr]
kilometer (de)	километр (м)	[kilɔmétr]
mijl (de)	миля (ж)	[míĺa]

duim (de)	дюйм (м)	[dʲújm]
voet (de)	фут (м)	[fút]
yard (de)	ярд (м)	[járd]

vierkante meter (de)	квадратный метр (м)	[kvadrátnij métr]
hectare (de)	гектар (м)	[gektár]

liter (de)	литр (м)	[lítr]
graad (de)	градус (м)	[grádus]
volt (de)	вольт (м)	[vólʲt]
ampère (de)	ампер (м)	[ampér]
paardenkracht (de)	лошадиная сила (ж)	[lɔʃidínaja síla]

hoeveelheid (de)	количество (с)	[kɔlítʃestvɔ]
een beetje ...	немного ...	[nemnógɔ ...]
helft (de)	половина (ж)	[pɔlɔvína]
dozijn (het)	дюжина (ж)	[dʲúʒina]
stuk (het)	штука (ж)	[ʃtúka]

afmeting (de)	размер (м)	[razmér]
schaal (bijv. ~ van 1 op 50)	масштаб (м)	[maʃtáb]

minimaal (bn)	минимальный	[minimálʲnij]
minste (bn)	наименьший	[naiménʲʃij]
medium (bn)	средний	[srédnij]
maximaal (bn)	максимальный	[maksimálʲnij]
grootste (bn)	наибольший	[naibólʲʃij]

12. Containers

glazen pot (de)	банка (ж)	[bánka]
blik (conserven~)	банка (ж)	[bánka]
emmer (de)	ведро (с)	[vedró]
ton (bijv. regenton)	бочка (ж)	[bótʃka]
ronde waterbak (de)	таз (м)	[tás]

tank (bijv. watertank-70-ltr)	бак (м)	[bák]
heupfles (de)	фляжка (ж)	[flʲáʃka]
jerrycan (de)	канистра (ж)	[kanístra]
tank (bijv. ketelwagen)	цистерна (ж)	[tsistǽrna]

beker (de)	кружка (ж)	[krúʃka]
kopje (het)	чашка (ж)	[ʧáʃka]
schoteltje (het)	блюдце (с)	[blʲútse]
glas (het)	стакан (м)	[stakán]
wijnglas (het)	бокал (м)	[bɔkál]
pan (de)	кастрюля (ж)	[kastrʲúlʲa]

| fles (de) | бутылка (ж) | [butílka] |
| flessenhals (de) | горлышко (с) | [górlɨʃkɔ] |

karaf (de)	графин (м)	[grafín]
kruik (de)	кувшин (м)	[kufʃín]
vat (het)	сосуд (м)	[sɔsúd]
pot (de)	горшок (м)	[gɔrʃók]
vaas (de)	ваза (ж)	[váza]

flacon (de)	флакон (м)	[flakón]
flesje (het)	пузырёк (м)	[puzirǿk]
tube (bijv. ~ tandpasta)	тюбик (м)	[tʲúbik]

zak (bijv. ~ aardappelen)	мешок (м)	[meʃók]
tasje (het)	пакет (м)	[pakét]
pakje (~ sigaretten, enz.)	пачка (ж)	[páʧka]

doos (de)	коробка (ж)	[kɔrópka]
kist (de)	ящик (м)	[jáʃik]
mand (de)	корзина (ж)	[kɔrzína]

BELANGRIJKSTE WERKWOORDEN

13. De belangrijkste werkwoorden. Deel 1

aanbevelen (ww)	рекомендовать (нсв, пх)	[rekɔmendɔvátʲ]
aandringen (ww)	настаивать (нсв, нпх)	[nastáivatʲ]
aankomen (per auto, enz.)	приезжать (нсв, нпх)	[prieʒʒátʲ]
aanraken (ww)	трогать (нсв, пх)	[trógatʲ]
adviseren (ww)	советовать (нсв, пх)	[sɔvétɔvatʲ]

afdalen (on.ww.)	спускаться (нсв, возв)	[spuskátsa]
afslaan (naar rechts ~)	поворачивать (нсв, нпх)	[pɔvɔrátʃivatʲ]
antwoorden (ww)	отвечать (нсв, пх)	[ɔtvetʃátʲ]
bang zijn (ww)	бояться (нсв, возв)	[bɔjátsa]
bedreigen (bijv. met een pistool)	угрожать (нсв, пх)	[ugrɔʒátʲ]

bedriegen (ww)	обманывать (нсв, пх)	[ɔbmánivatʲ]
beëindigen (ww)	заканчивать (нсв, пх)	[zakántʃivatʲ]
beginnen (ww)	начинать (нсв, пх)	[natʃinátʲ]
begrijpen (ww)	понимать (нсв, пх)	[pɔnimátʲ]
beheren (managen)	руководить (нсв, пх)	[rukɔvɔdítʲ]

beledigen (met scheldwoorden)	оскорблять (нсв, пх)	[ɔskɔrblʲátʲ]
beloven (ww)	обещать (н/св, пх)	[ɔbeʃátʲ]
bereiden (koken)	готовить (нсв, пх)	[gɔtóvitʲ]
bespreken (spreken over)	обсуждать (нсв, пх)	[ɔpsuʒdátʲ]

bestellen (eten ~)	заказывать (нсв, пх)	[zakázivatʲ]
bestraffen (een stout kind ~)	наказывать (нсв, пх)	[nakázivatʲ]
betalen (ww)	платить (нсв, н/пх)	[platítʲ]
betekenen (beduiden)	означать (нсв, пх)	[ɔznatʃátʲ]
betreuren (ww)	сожалеть (нсв, нпх)	[sɔʒilétʲ]

bevallen (prettig vinden)	нравиться (нсв, возв)	[nrávitsa]
bevelen (mil.)	приказывать (нсв, пх)	[prikázivatʲ]
bevrijden (stad, enz.)	освобождать (нсв, пх)	[ɔsvɔbɔʒdátʲ]
bewaren (ww)	сохранять (нсв, пх)	[sɔhranʲátʲ]
bezitten (ww)	владеть (нсв, пх)	[vladétʲ]

bidden (praten met God)	молиться (нсв, возв)	[mɔlítsa]
binnengaan (een kamer ~)	входить (нсв, нпх)	[fhɔdítʲ]
breken (ww)	ломать (нсв, пх)	[lɔmátʲ]
controleren (ww)	контролировать (нсв, пх)	[kɔntrɔlírɔvatʲ]
creëren (ww)	создать (св, пх)	[sɔzdátʲ]

deelnemen (ww)	участвовать (нсв, нпх)	[utʃástvɔvatʲ]
denken (ww)	думать (нсв, н/пх)	[dúmatʲ]
doden (ww)	убивать (нсв, пх)	[ubivátʲ]

doen (ww)	делать (нсв, пх)	[délat]

doen (ww)   делать (нсв, пх)   [délatʲ]
dorst hebben (ww)   хотеть пить   [hɔtétʲ pítʲ]

14. De belangrijkste werkwoorden. Deel 2

een hint geven   подсказать (св, пх)   [pɔtskazátʲ]
eisen (met klem vragen)   требовать (нсв, пх)   [trébɔvatʲ]
excuseren (vergeven)   извинять (нсв, пх)   [izvinʲátʲ]
existeren (bestaan)   существовать (нсв, нпх)   [suʃestvɔvátʲ]
gaan (te voet)   идти (нсв, нпх)   [itʲtí]

gaan zitten (ww)   садиться (нсв, возв)   [sadítsa]
gaan zwemmen   купаться (нсв, возв)   [kupátsa]
geven (ww)   давать (нсв, пх)   [davátʲ]
glimlachen (ww)   улыбаться (нсв, возв)   [ulibátsa]
goed raden (ww)   отгадать (св, пх)   [ɔdgadátʲ]

grappen maken (ww)   шутить (нсв, нпх)   [ʃutítʲ]
graven (ww)   рыть (нсв, пх)   [rĩtʲ]
hebben (ww)   иметь (нсв, пх)   [imétʲ]
helpen (ww)   помогать (нсв, пх)   [pɔmɔgátʲ]
herhalen (opnieuw zeggen)   повторять (нсв, пх)   [pɔftɔrʲátʲ]
honger hebben (ww)   хотеть есть (нсв)   [hɔtétʲ éstʲ]

hopen (ww)   надеяться (нсв, возв)   [nadéɪtsa]
horen   слышать (нсв, пх)   [slĩʃatʲ]
(waarnemen met het oor)
huilen (wenen)   плакать (нсв, нпх)   [plákatʲ]
huren (huis, kamer)   снимать (нсв, пх)   [snimátʲ]
informeren (informatie geven)   информировать (н/св, пх)   [infɔrmírɔvatʲ]
instemmen (akkoord gaan)   соглашаться (нсв, возв)   [sɔglaʃátsa]
jagen (ww)   охотиться (нсв, возв)   [ɔhótitsa]
kennen (kennis hebben   знать (нсв, пх)   [znátʲ]
van iemand)
kiezen (ww)   выбирать (нсв, пх)   [vibirátʲ]
klagen (ww)   жаловаться (нсв, возв)   [ʒálɔvatsa]

kosten (ww)   стоить (нсв, пх)   [stóitʲ]
kunnen (ww)   мочь (нсв, нпх)   [mótʃʲ]
lachen (ww)   смеяться (нсв, возв)   [smejátsa]
laten vallen (ww)   ронять (нсв, пх)   [rɔnʲátʲ]
lezen (ww)   читать (нсв, н/пх)   [tʃitátʲ]

liefhebben (ww)   любить (нсв, пх)   [lʲubítʲ]
lunchen (ww)   обедать (нсв, нпх)   [ɔbédatʲ]
nemen (ww)   брать (нсв), взять (св)   [brátʲ], [vzʲátʲ]
nodig zijn (ww)   требоваться (нсв, возв)   [trébɔvatsa]

15. De belangrijkste werkwoorden. Deel 3

onderschatten (ww)   недооценивать (нсв, пх)   [nedɔɔtsǽnivatʲ]
ondertekenen (ww)   подписывать (нсв, пх)   [pɔtpísivatʲ]

ontbijten (ww)	завтракать (нсв, нпх)	[záftrakatʲ]
openen (ww)	открывать (нсв, пх)	[ɔtkrivátʲ]
ophouden (ww)	прекращать (нсв, пх)	[prekraʃátʲ]
opmerken (zien)	замечать (нсв, пх)	[zametʃátʲ]

opscheppen (ww)	хвастаться (нсв, возв)	[hvástatsa]
opschrijven (ww)	записывать (нсв, пх)	[zapísivatʲ]
plannen (ww)	планировать (нсв, пх)	[planírɔvatʲ]
prefereren (verkiezen)	предпочитать (нсв, пх)	[pretpɔtʃitátʲ]
proberen (trachten)	пробовать (нсв, пх)	[próbɔvatʲ]
redden (ww)	спасать (нсв, пх)	[spasátʲ]

rekenen op ...	рассчитывать на ... (нсв)	[raʃítivatʲ na ...]
rennen (ww)	бежать (н/св, нпх)	[beʒátʲ]
reserveren	резервировать (н/св, пх)	[rezervírɔvatʲ]
(een hotelkamer ~)		
roepen (om hulp)	звать (нсв, пх)	[zvátʲ]
schieten (ww)	стрелять (нсв, нпх)	[strelʲátʲ]
schreeuwen (ww)	кричать (нсв, нпх)	[kritʃátʲ]

schrijven (ww)	писать (нсв, пх)	[pisátʲ]
souperen (ww)	ужинать (нсв, нпх)	[úʒinatʲ]
spelen (kinderen)	играть (нсв, нпх)	[igrátʲ]
spreken (ww)	говорить (нсв, н/пх)	[gɔvɔrítʲ]
stelen (ww)	красть (нсв, н/пх)	[krástʲ]
stoppen (pauzeren)	останавливаться (нсв, возв)	[ɔstanávlivatsa]

studeren (Nederlands ~)	изучать (нсв, пх)	[izutʃátʲ]
sturen (zenden)	отправлять (нсв, пх)	[ɔtpravlʲátʲ]
tellen (optellen)	считать (нсв, пх)	[ʃitátʲ]
toebehoren aan ...	принадлежать ... (нсв, нпх)	[prinadleʒátʲ ...]
toestaan (ww)	разрешать (нсв, пх)	[razreʃátʲ]
tonen (ww)	показывать (нсв, пх)	[pɔkázivatʲ]

twijfelen (onzeker zijn)	сомневаться (нсв, возв)	[sɔmnevátsa]
uitgaan (ww)	выходить (нсв, нпх)	[vihɔdítʲ]
uitnodigen (ww)	приглашать (нсв, пх)	[priglaʃátʲ]
uitspreken (ww)	произносить (нсв, пх)	[prɔiznɔsítʲ]
uitvaren tegen (ww)	ругать (нсв, пх)	[rugátʲ]

16. De belangrijkste werkwoorden. Deel 4

vallen (ww)	падать (нсв, нпх)	[pádatʲ]
vangen (ww)	ловить (нсв, пх)	[lɔvítʲ]
veranderen (anders maken)	изменить (св, пх)	[izmenítʲ]
verbaasd zijn (ww)	удивляться (нсв, возв)	[udivlʲátsa]
verbergen (ww)	прятать (нсв, пх)	[prʲátatʲ]

verdedigen (je land ~)	защищать (нсв, пх)	[zaʃiʃátʲ]
verenigen (ww)	объединять (нсв, пх)	[ɔbjedinʲátʲ]
vergelijken (ww)	сравнивать (нсв, пх)	[srávnivatʲ]
vergeten (ww)	забывать (нсв, пх)	[zabivátʲ]
vergeven (ww)	прощать (нсв, пх)	[prɔʃátʲ]
verklaren (uitleggen)	объяснять (нсв, пх)	[ɔbjisnʲátʲ]

verkopen (per stuk ~)	продавать (нсв, пх)	[prɔdavátʲ]
vermelden (praten over)	упоминать (нсв, пх)	[upɔminátʲ]
versieren (decoreren)	украшать (нсв, пх)	[ukraʃátʲ]
vertalen (ww)	переводить (нсв, пх)	[perevɔdítʲ]

vertrouwen (ww)	доверять (нсв, пх)	[dɔverʲátʲ]
vervolgen (ww)	продолжать (нсв, пх)	[prɔdɔlʒátʲ]
verwarren (met elkaar ~)	путать (нсв, пх)	[pútatʲ]
verzoeken (ww)	просить (нсв, пх)	[prɔsítʲ]
verzuimen (school, enz.)	пропускать (нсв, пх)	[prɔpuskátʲ]

vinden (ww)	находить (нсв, пх)	[nahɔdítʲ]
vliegen (ww)	лететь (нсв, нпх)	[letétʲ]
volgen (ww)	следовать за ... (нсв)	[slédɔvatʲ za ...]
voorstellen (ww)	предлагать (нсв, пх)	[predlagátʲ]
voorzien (verwachten)	предвидеть (нсв, пх)	[predvídetʲ]
vragen (ww)	спрашивать (нсв, пх)	[spráʃivatʲ]

waarnemen (ww)	наблюдать (нсв, н/пх)	[nablʲudátʲ]
waarschuwen (ww)	предупреждать (нсв, пх)	[predupreʒdátʲ]
wachten (ww)	ждать (нсв, пх)	[ʒdátʲ]
weerspreken (ww)	возражать (нсв, н/пх)	[vɔzraʒátʲ]
weigeren (ww)	отказываться (нсв, возв)	[ɔtkázivatsa]

werken (ww)	работать (нсв, нпх)	[rabótatʲ]
willen (verlangen)	хотеть (нсв, пх)	[hɔtétʲ]
zeggen (ww)	сказать (нсв, пх)	[skazátʲ]
zich haasten (ww)	торопиться (нсв, возв)	[tɔrɔpítsa]

zich interesseren voor ...	интересоваться (нсв, возв)	[interesɔvátsa]
zich vergissen (ww)	ошибаться (нсв, возв)	[ɔʃibátsa]
zich verontschuldigen	извиняться (нсв, возв)	[izvinʲátsa]
zien (ww)	видеть (нсв, пх)	[vídetʲ]

zijn (ww)	быть (нсв, нпх)	[bītʲ]
zoeken (ww)	искать ... (нсв, пх)	[iskátʲ ...]
zwemmen (ww)	плавать (нсв, нпх)	[plávatʲ]
zwijgen (ww)	молчать (нсв, нпх)	[mɔltʃátʲ]

TIJD. KALENDER

17. Dagen van de week

maandag (de)	понедельник (м)	[pɔnedélʲnik]
dinsdag (de)	вторник (м)	[ftórnik]
woensdag (de)	среда (ж)	[sredá]
donderdag (de)	четверг (м)	[tʃetvérg]
vrijdag (de)	пятница (ж)	[pʲátnitsa]
zaterdag (de)	суббота (ж)	[subóta]
zondag (de)	воскресенье (с)	[vɔskresénje]
vandaag (bw)	сегодня	[sevódnʲa]
morgen (bw)	завтра	[záftra]
overmorgen (bw)	послезавтра	[pɔslezáftra]
gisteren (bw)	вчера	[ftʃerá]
eergisteren (bw)	позавчера	[pɔzaftʃerá]
dag (de)	день (м)	[dénʲ]
werkdag (de)	рабочий день (м)	[rabótʃij dénʲ]
feestdag (de)	праздник (м)	[práznik]
verlofdag (de)	выходной день (м)	[vihɔdnój dénʲ]
weekend (het)	выходные (мн)	[vihɔdnɪ̄je]
de hele dag (bw)	весь день	[vesʲ dénʲ]
de volgende dag (bw)	на следующий день	[na sléduʃij dénʲ]
twee dagen geleden	2 дня назад	[dvá dnʲá nazád]
aan de vooravond (bw)	накануне	[nakanúne]
dag-, dagelijks (bn)	ежедневный	[eʒednévnij]
elke dag (bw)	ежедневно	[eʒednévnɔ]
week (de)	неделя (ж)	[nedélʲa]
vorige week (bw)	на прошлой неделе	[na próʃlɔj nedéle]
volgende week (bw)	на следующей неделе	[na sléduʃej nedéle]
wekelijks (bn)	еженедельный	[eʒenedélʲnij]
elke week (bw)	еженедельно	[eʒenedélʲnɔ]
twee keer per week	2 раза в неделю	[dvá ráza v nedélʲu]
elke dinsdag	каждый вторник	[káʒdij ftórnik]

18. Uren. Dag en nacht

morgen (de)	утро (с)	[útrɔ]
's morgens (bw)	утром	[útrɔm]
middag (de)	полдень (м)	[póldenʲ]
's middags (bw)	после обеда	[pósle ɔbéda]
avond (de)	вечер (м)	[vétʃer]
's avonds (bw)	вечером	[vétʃerɔm]

nacht (de)	ночь (ж)	[nótʃʲ]
's nachts (bw)	ночью	[nótʃʲju]
middernacht (de)	полночь (ж)	[pólnɔtʃʲ]

seconde (de)	секунда (ж)	[sekúnda]
minuut (de)	минута (ж)	[minúta]
uur (het)	час (м)	[ʧás]
halfuur (het)	полчаса (мн)	[pɔlʧasá]
kwartier (het)	четверть (ж) часа	[ʧétvertʲ ʧása]
vijftien minuten	15 минут	[pitnátsatʲ minút]
etmaal (het)	сутки (мн)	[sútki]

zonsopgang (de)	восход (м) солнца	[vɔsxód sóntsa]
dageraad (de)	рассвет (м)	[rasvét]
vroege morgen (de)	раннее утро (с)	[ránnee útrɔ]
zonsondergang (de)	закат (м)	[zakát]

's morgens vroeg (bw)	рано утром	[ránɔ útrɔm]
vanmorgen (bw)	сегодня утром	[sevódnʲa útrɔm]
morgenochtend (bw)	завтра утром	[záftra útrɔm]

vanmiddag (bw)	сегодня днём	[sevódnʲa dnǿm]
's middags (bw)	после обеда	[pósle ɔbéda]
morgenmiddag (bw)	завтра после обеда	[záftra pósle ɔbéda]

| vanavond (bw) | сегодня вечером | [sevódnʲa véʧerɔm] |
| morgenavond (bw) | завтра вечером | [záftra veʧerɔm] |

klokslag drie uur	ровно в 3 часа	[róvnɔ f trí ʧasá]
ongeveer vier uur	около 4-х часов	[ókɔlɔ ʧetîrǿh ʧasóf]
tegen twaalf uur	к 12-ти часам	[k dvenátsatí ʧasám]

over twintig minuten	через 20 минут	[ʧéres dvátsatʲ minút]
over een uur	через час	[ʧéres ʧás]
op tijd (bw)	вовремя	[vóvremʲa]

kwart voor ...	без четверти ...	[bes ʧétverti ...]
binnen een uur	в течение часа	[f teʧénie ʧása]
elk kwartier	каждые 15 минут	[káʒdie pitnátsatʲ minút]
de klok rond	круглые сутки	[krúglie sútki]

19. Maanden. Seizoenen

januari (de)	январь (м)	[jɪnvárʲ]
februari (de)	февраль (м)	[fevrálʲ]
maart (de)	март (м)	[márt]
april (de)	апрель (м)	[aprélʲ]
mei (de)	май (м)	[máj]
juni (de)	июнь (м)	[ijúnʲ]

juli (de)	июль (м)	[ijúlʲ]
augustus (de)	август (м)	[ávgust]
september (de)	сентябрь (м)	[sentʲábrʲ]
oktober (de)	октябрь (м)	[ɔktʲábrʲ]

| november (de) | ноябрь (м) | [nɔjábrʲ] |
| december (de) | декабрь (м) | [dekábrʲ] |

lente (de)	весна (ж)	[vesná]
in de lente (bw)	весной	[vesnój]
lente- (abn)	весенний	[vesénnij]

zomer (de)	лето (c)	[létɔ]
in de zomer (bw)	летом	[létɔm]
zomer-, zomers (bn)	летний	[létnij]

herfst (de)	осень (ж)	[ósenʲ]
in de herfst (bw)	осенью	[ósenju]
herfst- (abn)	осенний	[ɔsénnij]

winter (de)	зима (ж)	[zimá]
in de winter (bw)	зимой	[zimój]
winter- (abn)	зимний	[zímnij]

maand (de)	месяц (м)	[mésɪts]
deze maand (bw)	в этом месяце	[v ǽtɔm mésɪtse]
volgende maand (bw)	в следующем месяце	[f sléduʃem mésɪtse]
vorige maand (bw)	в прошлом месяце	[f próʃlɔm mésɪtse]

een maand geleden (bw)	месяц назад	[mésɪts nazád]
over een maand (bw)	через месяц	[ʧéres mésɪts]
over twee maanden (bw)	через 2 месяца	[ʧéres dvá mésɪtsa]
de hele maand (bw)	весь месяц	[vesʲ mésɪts]
een volle maand (bw)	целый месяц	[tsǽlij mésɪts]

maand-, maandelijks (bn)	ежемесячный	[eʒemésɪʧnij]
maandelijks (bw)	ежемесячно	[eʒemésɪʧnɔ]
elke maand (bw)	каждый месяц	[káʒdij mésɪts]
twee keer per maand	2 раза в месяц	[dvá ráza v mésɪts]

jaar (het)	год (м)	[gód]
dit jaar (bw)	в этом году	[v ǽtɔm gɔdú]
volgend jaar (bw)	в следующем году	[f sléduʃem gɔdú]
vorig jaar (bw)	в прошлом году	[f próʃlɔm gɔdú]

een jaar geleden (bw)	год назад	[gót nazád]
over een jaar	через год	[ʧéres gód]
over twee jaar	через 2 года	[ʧéres dvá góda]
het hele jaar	весь год	[vesʲ gód]
een vol jaar	целый год	[tsǽlij gód]

elk jaar	каждый год	[káʒdij gód]
jaar-, jaarlijks (bn)	ежегодный	[eʒegódnij]
jaarlijks (bw)	ежегодно	[eʒegódnɔ]
4 keer per jaar	4 раза в год	[ʧetîre ráza v gód]

datum (de)	число (c)	[ʧisló]
datum (de)	дата (ж)	[dáta]
kalender (de)	календарь (м)	[kalendárʲ]
een half jaar	полгода	[pɔlgóda]
zes maanden	полугодие (c)	[pɔlugódie]

seizoen (bijv. lente, zomer)	сезон (м)	[sezón]
eeuw (de)	век (м)	[vék]

REIZEN. HOTEL

20. Trip. Reizen

toerisme (het)	туризм (м)	[turízm]
toerist (de)	турист (м)	[turíst]
reis (de)	путешествие (с)	[puteʃǽstvie]
avontuur (het)	приключение (с)	[priklʲutʃénie]
tocht (de)	поездка (ж)	[pɔéstka]
vakantie (de)	отпуск (м)	[ótpusk]
met vakantie zijn	быть в отпуске	[bɪ̄tʲ v ótpuske]
rust (de)	отдых (м)	[ótdɨh]
trein (de)	поезд (м)	[póezd]
met de trein	поездом	[póezdɔm]
vliegtuig (het)	самолёт (м)	[samɔlǿt]
met het vliegtuig	самолётом	[samɔlǿtɔm]
met de auto	на автомобиле	[na aftɔmɔbíle]
per schip (bw)	на корабле	[na kɔrablé]
bagage (de)	багаж (м)	[bagáʃ]
valies (de)	чемодан (м)	[tʃemɔdán]
bagagekarretje (het)	тележка (ж) для багажа	[teléʃka dlʲa bagaʒá]
paspoort (het)	паспорт (м)	[páspɔrt]
visum (het)	виза (ж)	[víza]
kaartje (het)	билет (м)	[bilét]
vliegticket (het)	авиабилет (м)	[aviabilét]
reisgids (de)	путеводитель (м)	[putevɔdítelʲ]
kaart (de)	карта (ж)	[kárta]
gebied (landelijk ~)	местность (ж)	[mésnɔstʲ]
plaats (de)	место (с)	[méstɔ]
exotische bestemming (de)	экзотика (ж)	[ɛkzótika]
exotisch (bn)	экзотический	[ɛkzɔtítʃeskij]
verwonderlijk (bn)	удивительный	[udivítelʲnij]
groep (de)	группа (ж)	[grúpa]
rondleiding (de)	экскурсия (ж)	[ɛkskúrsija]
gids (de)	экскурсовод (м)	[ɛkskursɔvód]

21. Hotel

hotel (het)	гостиница (ж)	[gɔstínitsa]
motel (het)	мотель (м)	[mɔtǽlʲ]
3-sterren	3 звезды	[trí zvezdɪ̄]

| 5-sterren | 5 звёзд | [pʲátʲ zvɵzd] |
| overnachten (ww) | остановиться (св, возв) | [ɔstanɔvítsa] |

kamer (de)	номер (м)	[nómer]
eenpersoonskamer (de)	одноместный номер (м)	[ɔdnɔ·mésnij nómer]
tweepersoonskamer (de)	двухместный номер (м)	[dvuh·mésnij nómer]
een kamer reserveren	бронировать номер	[brɔnírɔvatʲ nómer]

| halfpension (het) | полупансион (м) | [pɔlu·pansión] |
| volpension (het) | полный пансион (м) | [pólnij pansión] |

met badkamer	с ванной	[s vánnɔj]
met douche	с душем	[s dúʃɛm]
satelliet-tv (de)	спутниковое телевидение (c)	[spútnikɔvɔe televídenie]
airconditioner (de)	кондиционер (м)	[kɔnditsiɔnér]
handdoek (de)	полотенце (c)	[pɔlɔténtse]
sleutel (de)	ключ (м)	[klʲútʃ]

administrateur (de)	администратор (м)	[administrátɔr]
kamermeisje (het)	горничная (ж)	[górniʧnaja]
piccolo (de)	носильщик (м)	[nɔsílʲʃik]
portier (de)	портье (c)	[pɔrtjé]

restaurant (het)	ресторан (м)	[restɔrán]
bar (de)	бар (м)	[bár]
ontbijt (het)	завтрак (м)	[záftrak]
avondeten (het)	ужин (м)	[úʒin]
buffet (het)	шведский стол (м)	[ʃvétskij stól]

| hal (de) | вестибюль (м) | [vestibʲúlʲ] |
| lift (de) | лифт (м) | [líft] |

| NIET STOREN | НЕ БЕСПОКОИТЬ | [ne bespɔkóitʲ] |
| VERBODEN TE ROKEN! | НЕ КУРИТЬ! | [ne kurítʲ] |

22. Bezienswaardigheden

monument (het)	памятник (м)	[pámɪtnik]
vesting (de)	крепость (ж)	[krépɔstʲ]
paleis (het)	дворец (м)	[dvɔréts]
kasteel (het)	замок (м)	[zámɔk]
toren (de)	башня (ж)	[báʃnʲa]
mausoleum (het)	мавзолей (м)	[mavzɔléj]

architectuur (de)	архитектура (ж)	[arhitektúra]
middeleeuws (bn)	средневековый	[srednevekóvij]
oud (bn)	старинный	[starínnij]
nationaal (bn)	национальный	[natsiɔnálʲnij]
bekend (bn)	известный	[izvésnij]

toerist (de)	турист (м)	[turíst]
gids (de)	гид (м)	[gíd]
rondleiding (de)	экскурсия (ж)	[ɛkskúrsija]

tonen (ww)	показывать (нсв, пх)	[pɔkázivatʲ]
vertellen (ww)	рассказывать (нсв, пх)	[raskázivatʲ]
vinden (ww)	найти (св, пх)	[najtí]
verdwalen (de weg kwijt zijn)	потеряться (св, возв)	[poterʲátsa]
plattegrond (~ van de metro)	схема (ж)	[sxéma]
plattegrond (~ van de stad)	план (м)	[plán]
souvenir (het)	сувенир (м)	[suvenír]
souvenirwinkel (de)	магазин (м) сувениров	[magazín suvenírɔf]
foto's maken	фотографировать (нсв, пх)	[fɔtɔgrafírovatʲ]
zich laten fotograferen	фотографироваться (нсв, возв)	[fɔtɔgrafírovatsa]

VERVOER

luchthaven (de)	аэропорт (м)	[aɛrɔpórt]
vliegtuig (het)	самолёт (м)	[samɔlǿt]
luchtvaartmaatschappij (de)	авиакомпания (ж)	[avia·kɔmpánija]
luchtverkeersleider (de)	авиадиспетчер (м)	[avia·dispétʃer]
vertrek (het)	вылет (м)	[vīlet]
aankomst (de)	прилёт (м)	[prilǿt]
aankomen (per vliegtuig)	прилететь (св, нпх)	[priletétʲ]
vertrektijd (de)	время (с) вылета	[vrémʲa vīleta]
aankomstuur (het)	время (с) прилёта	[vrémʲa prilǿta]
vertraagd zijn (ww)	задерживаться (нсв, возв)	[zadérʒivatsa]
vluchtvertraging (de)	задержка (ж) вылета	[zadérʃka vīleta]
informatiebord (het)	информационное табло (с)	[informatsiónnɔe tabló]
informatie (de)	информация (ж)	[informátsija]
aankondigen (ww)	объявлять (нсв, пх)	[ɔbjɪvlʲátʲ]
vlucht (bijv. KLM ~)	рейс (м)	[réjs]
douane (de)	таможня (ж)	[tamóʒnʲa]
douanier (de)	таможенник (м)	[tamóʒenik]
douaneaangifte (de)	декларация (ж)	[deklarátsija]
invullen (douaneaangifte ~)	заполнить (св, пх)	[zapólnitʲ]
een douaneaangifte invullen	заполнить декларацию	[zapólnitʲ deklarátsiju]
paspoortcontrole (de)	паспортный контроль (м)	[pásportnij kontrólʲ]
bagage (de)	багаж (м)	[bagáʃ]
handbagage (de)	ручная кладь (ж)	[rutʃnája klátʲ]
bagagekarretje (het)	тележка (ж) для багажа	[teléʃka dlʲa bagaʒá]
landing (de)	посадка (ж)	[pɔsátka]
landingsbaan (de)	посадочная полоса (ж)	[pɔsádotʃnaja pɔlɔsá]
landen (ww)	садиться (нсв, возв)	[sadítsa]
vliegtuigtrap (de)	трап (м)	[tráp]
inchecken (het)	регистрация (ж)	[registrátsija]
incheckbalie (de)	стойка (ж) регистрации	[stójka registrátsii]
inchecken (ww)	зарегистрироваться (св, возв)	[zaregistrírovatsa]
instapkaart (de)	посадочный талон (м)	[pɔsádotʃnij talón]
gate (de)	выход (м)	[vīhɔd]
transit (de)	транзит (м)	[tranzít]
wachten (ww)	ждать (нсв, пх)	[ʒdátʲ]

wachtzaal (de)	зал (м) ожидания	[zál ɔʒidánija]
begeleiden (uitwuiven)	провожать (нсв, пх)	[prɔvɔʒátʲ]
afscheid nemen (ww)	прощаться (нсв, возв)	[prɔʃátsa]

24. Vliegtuig

vliegtuig (het)	самолёт (м)	[samɔlǿt]
vliegticket (het)	авиабилет (м)	[aviabilét]
luchtvaartmaatschappij (de)	авиакомпания (ж)	[avia·kɔmpánija]
luchthaven (de)	аэропорт (м)	[aɛrɔpórt]
supersonisch (bn)	сверхзвуковой	[sverh·zvukɔvój]
gezagvoerder (de)	командир (м) корабля	[kɔmandír kɔrablʲá]
bemanning (de)	экипаж (м)	[ɛkipáʃ]
piloot (de)	пилот (м)	[pilót]
stewardess (de)	стюардесса (ж)	[stʲuardǽsa]
stuurman (de)	штурман (м)	[ʃtúrman]
vleugels (mv.)	крылья (с мн)	[krîlja]
staart (de)	хвост (м)	[hvóst]
cabine (de)	кабина (ж)	[kabína]
motor (de)	двигатель (м)	[dvígatelʲ]
landingsgestel (het)	шасси (с)	[ʃassí]
turbine (de)	турбина (ж)	[turbína]
propeller (de)	пропеллер (м)	[prɔpéller]
zwarte doos (de)	чёрный ящик (м)	[ʧórnij jáʃik]
stuur (het)	штурвал (м)	[ʃturvál]
brandstof (de)	горючее (с)	[gɔrʲúʧee]
veiligheidskaart (de)	инструкция по безопасности	[instrúktsija pɔ bezopásnɔsti]
zuurstofmasker (het)	кислородная маска (ж)	[kislɔródnaja máska]
uniform (het)	униформа (ж)	[unifórma]
reddingsvest (de)	спасательный жилет (м)	[spasátelʲnij ʒilét]
parachute (de)	парашют (м)	[paraʃút]
opstijgen (het)	взлёт (м)	[vzlǿt]
opstijgen (ww)	взлетать (нсв, нпх)	[vzletátʲ]
startbaan (de)	взлётная полоса (ж)	[vzlǿtnaja pɔlasá]
zicht (het)	видимость (ж)	[vídimɔstʲ]
vlucht (de)	полёт (м)	[pɔlǿt]
hoogte (de)	высота (ж)	[visɔtá]
luchtzak (de)	воздушная яма (ж)	[vɔzdúʃnaja jáma]
plaats (de)	место (с)	[méstɔ]
koptelefoon (de)	наушники (м мн)	[naúʃniki]
tafeltje (het)	откидной столик (м)	[ɔtkidnój stólik]
venster (het)	иллюминатор (м)	[ilʲuminátɔr]
gangpad (het)	проход (м)	[prɔhód]

25. Trein

trein (de)	поезд (м)	[póezd]
elektrische trein (de)	электричка (ж)	[ɛlektrítʃka]
sneltrein (de)	скорый поезд (м)	[skórij póezd]
diesellocomotief (de)	тепловоз (м)	[teplɔvós]
stoomlocomotief (de)	паровоз (м)	[parɔvós]
rijtuig (het)	вагон (м)	[vagón]
restauratierijtuig (het)	вагон-ресторан (м)	[vagón-restɔrán]
rails (mv.)	рельсы (мн)	[rélʲsi]
spoorweg (de)	железная дорога (ж)	[ʒeléznaja dɔróga]
dwarsligger (de)	шпала (ж)	[ʃpála]
perron (het)	платформа (ж)	[platfórma]
spoor (het)	путь (м)	[pútʲ]
semafoor (de)	семафор (м)	[semafór]
halte (bijv. kleine treinhalte)	станция (ж)	[stántsija]
machinist (de)	машинист (м)	[maʃiníst]
kruier (de)	носильщик (м)	[nɔsílʲʃik]
conducteur (de)	проводник (м)	[prɔvɔdník]
passagier (de)	пассажир (м)	[pasaʒīr]
controleur (de)	контролёр (м)	[kɔntrɔlǿr]
gang (in een trein)	коридор (м)	[kɔridór]
noodrem (de)	стоп-кран (м)	[stɔp-krán]
coupé (de)	купе (с)	[kupǽ]
bed (slaapplaats)	полка (ж)	[pólka]
bovenste bed (het)	верхняя полка (ж)	[vérhnʲaja pólka]
onderste bed (het)	нижняя полка (ж)	[níʒnʲaja pólka]
beddengoed (het)	постельное бельё (с)	[pɔstélʲnɔe beljǿ]
kaartje (het)	билет (м)	[bilét]
dienstregeling (de)	расписание (с)	[raspisánie]
informatiebord (het)	табло (с)	[tabló]
vertrekken	отходить (нсв, нпх)	[ɔtxɔdítʲ]
(De trein vertrekt …)		
vertrek (ov. een trein)	отправление (с)	[ɔtpravlénie]
aankomen (ov. de treinen)	прибывать (нсв, нпх)	[pribivátʲ]
aankomst (de)	прибытие (с)	[pribītie]
aankomen per trein	приехать поездом	[priéhatʲ póezdɔm]
in de trein stappen	сесть на поезд	[séstʲ na póezd]
uit de trein stappen	сойти с поезда	[sɔjtí s póezda]
treinwrak (het)	крушение (с)	[kruʃǽnie]
ontspoord zijn	сойти с рельс	[sɔjtí s rélʲs]
stoomlocomotief (de)	паровоз (м)	[parɔvós]
stoker (de)	кочегар (м)	[kɔtʃegár]
stookplaats (de)	топка (ж)	[tópka]
steenkool (de)	уголь (м)	[úgɔlʲ]

26. Schip

schip (het)	корабль (м)	[koráblʲ]
vaartuig (het)	судно (с)	[súdnɔ]
stoomboot (de)	пароход (м)	[parɔhód]
motorschip (het)	теплоход (м)	[teplɔhód]
lijnschip (het)	лайнер (м)	[lájner]
kruiser (de)	крейсер (м)	[kréjser]
jacht (het)	яхта (ж)	[jáhta]
sleepboot (de)	буксир (м)	[buksír]
duwbak (de)	баржа (ж)	[barʒá]
ferryboot (de)	паром (м)	[paróm]
zeilboot (de)	парусник (м)	[párusnik]
brigantijn (de)	бригантина (ж)	[brigantína]
ijsbreker (de)	ледокол (м)	[ledɔkól]
duikboot (de)	подводная лодка (ж)	[pɔdvódnaja lótka]
boot (de)	лодка (ж)	[lótka]
sloep (de)	шлюпка (ж)	[ʃlʲúpka]
reddingssloep (de)	спасательная шлюпка (ж)	[spasátelʲnaja ʃlʲúpka]
motorboot (de)	катер (м)	[káter]
kapitein (de)	капитан (м)	[kapitán]
zeeman (de)	матрос (м)	[matrós]
matroos (de)	моряк (м)	[mɔrʲák]
bemanning (de)	экипаж (м)	[ɛkipáʃ]
bootsman (de)	боцман (м)	[bótsman]
scheepsjongen (de)	юнга (м)	[júnga]
kok (de)	кок (м)	[kók]
scheepsarts (de)	судовой врач (м)	[sudɔvój vrátʃ]
dek (het)	палуба (ж)	[páluba]
mast (de)	мачта (ж)	[mátʃta]
zeil (het)	парус (м)	[párus]
ruim (het)	трюм (м)	[trʲúm]
voorsteven (de)	нос (м)	[nós]
achtersteven (de)	корма (ж)	[kɔrmá]
roeispaan (de)	весло (с)	[vesló]
schroef (de)	винт (м)	[vínt]
kajuit (de)	каюта (ж)	[kajúta]
officierskamer (de)	кают-компания (ж)	[kajút-kɔmpánija]
machinekamer (de)	машинное отделение (с)	[maʃínnɔe ɔtdelénie]
brug (de)	капитанский мостик (м)	[kapitánskij móstik]
radiokamer (de)	радиорубка (ж)	[radiɔ·rúpka]
radiogolf (de)	волна (ж)	[vɔlná]
logboek (het)	судовой журнал (м)	[sudɔvój ʒurnál]
verrekijker (de)	подзорная труба (ж)	[pɔdzórnaja trubá]
klok (de)	колокол (м)	[kólɔkɔl]

vlag (de)	флаг (м)	[flág]
kabel (de)	канат (м)	[kanát]
knoop (de)	узел (м)	[úzel]

leuning (de)	поручень (м)	[pórutʃenʲ]
trap (de)	трап (м)	[tráp]

anker (het)	якорь (м)	[jákɔrʲ]
het anker lichten	поднять якорь	[pɔdnʲátʲ jákɔrʲ]
het anker neerlaten	бросить якорь	[brósitʲ jákɔrʲ]
ankerketting (de)	якорная цепь (ж)	[jákɔrnaja tsæpʲ]

haven (bijv. containerhaven)	порт (м)	[pórt]
kaai (de)	причал (м)	[pritʃál]
aanleggen (ww)	причаливать (нсв, нпх)	[pritʃálivatʲ]
wegvaren (ww)	отчаливать (нсв, нпх)	[ɔtʃálivatʲ]

reis (de)	путешествие (с)	[puteʃǽstvie]
cruise (de)	круиз (м)	[kruís]
koers (de)	курс (м)	[kúrs]
route (de)	маршрут (м)	[marʃrút]

vaarwater (het)	фарватер (м)	[farvátɛr]
zandbank (de)	мель (ж)	[mélʲ]
stranden (ww)	сесть на мель	[séstʲ na mélʲ]

storm (de)	буря (ж)	[búrʲa]
signaal (het)	сигнал (м)	[signál]
zinken (ov. een boot)	тонуть (нсв, нпх)	[tɔnútʲ]
Man overboord!	Человек за бортом!	[tʃelɔvék za bórtɔm]
SOS (noodsignaal)	SOS (м)	[sós]
reddingsboei (de)	спасательный круг (м)	[spasátelʲnij krúg]

STAD

bus, autobus (de)	автобус (м)	[aftóbus]
tram (de)	трамвай (м)	[tramváj]
trolleybus (de)	троллейбус (м)	[trɔléjbus]
route (de)	маршрут (м)	[marʃrút]
nummer (busnummer, enz.)	номер (м)	[nómer]
rijden met …	ехать на … (нсв)	[éhatʲ na …]
stappen (in de bus ~)	сесть на … (св)	[séstʲ na …]
afstappen (ww)	сойти с … (св)	[sɔjtí s …]
halte (de)	остановка (ж)	[ɔstanófka]
volgende halte (de)	следующая остановка (ж)	[sléduʃaja ɔstanófka]
eindpunt (het)	конечная остановка (ж)	[konétʃnaja ɔstanófka]
dienstregeling (de)	расписание (с)	[raspisánie]
wachten (ww)	ждать (нсв, пх)	[ʒdátʲ]
kaartje (het)	билет (м)	[bilét]
reiskosten (de)	стоимость (ж) билета	[stóimɔstʲ biléta]
kassier (de)	кассир (м)	[kassír]
kaartcontrole (de)	контроль (м)	[kɔntrólʲ]
controleur (de)	контролёр (м)	[kɔntrɔlǿr]
te laat zijn (ww)	опаздывать на … (нсв, нпх)	[ɔpázdivatʲ na …]
missen (de bus ~)	опоздать на … (св, нпх)	[ɔpɔzdátʲ na …]
zich haasten (ww)	спешить (нсв, нпх)	[speʃítʲ]
taxi (de)	такси (с)	[taksí]
taxichauffeur (de)	таксист (м)	[taksíst]
met de taxi (bw)	на такси	[na taksí]
taxistandplaats (de)	стоянка (ж) такси	[stɔjánka taksí]
een taxi bestellen	вызвать такси	[vɨzvatʲ taksí]
een taxi nemen	взять такси	[vzʲátʲ taksí]
verkeer (het)	уличное движение (с)	[úlitʃnɔe dviʒǽnie]
file (de)	пробка (ж)	[própka]
spitsuur (het)	часы пик (м)	[tʃasɨ pík]
parkeren (on.ww.)	парковаться (нсв, возв)	[parkɔvátsa]
parkeren (ov.ww.)	парковать (нсв, пх)	[parkɔvátʲ]
parking (de)	стоянка (ж)	[stɔjánka]
metro (de)	метро (с)	[metró]
halte (bijv. kleine treinhalte)	станция (ж)	[stántsija]
de metro nemen	ехать на метро	[éhatʲ na metró]
trein (de)	поезд (м)	[póezd]
station (treinstation)	вокзал (м)	[vɔkzál]

28. Stad. Het leven in de stad

stad (de)	город (м)	[górɔd]
hoofdstad (de)	столица (ж)	[stɔlítsa]
dorp (het)	деревня (ж)	[derévnʲa]
plattegrond (de)	план (м) города	[plán górɔda]
centrum (ov. een stad)	центр (м) города	[tsǽntr górɔda]
voorstad (de)	пригород (м)	[prígɔrɔd]
voorstads- (abn)	пригородный	[prígɔrɔdnij]
randgemeente (de)	окраина (ж)	[ɔkráina]
omgeving (de)	окрестности (ж мн)	[ɔkrésnɔsti]
blok (huizenblok)	квартал (м)	[kvartál]
woonwijk (de)	жилой квартал (м)	[ʒiłój kvartál]
verkeer (het)	движение (с)	[dviʒǽnie]
verkeerslicht (het)	светофор (м)	[svetɔfór]
openbaar vervoer (het)	городской транспорт (м)	[gɔrɔtskój tránspɔrt]
kruispunt (het)	перекрёсток (м)	[perekrǿstɔk]
zebrapad (oversteekplaats)	переход (м)	[perehód]
onderdoorgang (de)	подземный переход (м)	[pɔdzémnij perehód]
oversteken (de straat ~)	переходить (нсв, н/пх)	[perehɔdítʲ]
voetganger (de)	пешеход (м)	[peʃɛhód]
trottoir (het)	тротуар (м)	[trɔtuár]
brug (de)	мост (м)	[mɔ́st]
dijk (de)	набережная (ж)	[nábereʒnaja]
fontein (de)	фонтан (м)	[fɔntán]
allee (de)	аллея (ж)	[aléja]
park (het)	парк (м)	[párk]
boulevard (de)	бульвар (м)	[bulʲvár]
plein (het)	площадь (ж)	[plóʃatʲ]
laan (de)	проспект (м)	[prɔspékt]
straat (de)	улица (ж)	[úliʦa]
zijstraat (de)	переулок (м)	[pereúlɔk]
doodlopende straat (de)	тупик (м)	[tupík]
huis (het)	дом (м)	[dóm]
gebouw (het)	здание (с)	[zdánie]
wolkenkrabber (de)	небоскрёб (м)	[nebɔskrǿb]
gevel (de)	фасад (м)	[fasád]
dak (het)	крыша (ж)	[krýʃa]
venster (het)	окно (с)	[ɔknó]
boog (de)	арка (ж)	[árka]
pilaar (de)	колонна (ж)	[kɔlóna]
hoek (ov. een gebouw)	угол (м)	[úgɔl]
vitrine (de)	витрина (ж)	[vitrína]
gevelreclame (de)	вывеска (ж)	[vīveska]
affiche (de/het)	афиша (ж)	[afíʃa]
reclameposter (de)	рекламный плакат (м)	[reklámnij plakát]

aanplakbord (het)	рекламный щит (м)	[reklámnij ʃít]
vuilnis (de/het)	мусор (м)	[músɔr]
vuilnisbak (de)	урна (ж)	[úrna]
afval weggooien (ww)	сорить (нсв, нпх)	[sɔríti]
stortplaats (de)	свалка (ж)	[sválka]

telefooncel (de)	телефонная будка (ж)	[telefónnaja bútka]
straatlicht (het)	фонарный столб (м)	[fɔnárnij stólb]
bank (de)	скамейка (ж)	[skaméjka]

politieagent (de)	полицейский (м)	[pɔliʦǽjskij]
politie (de)	полиция (ж)	[pɔlíʦija]
zwerver (de)	нищий (м)	[níʃij]
dakloze (de)	бездомный (м)	[bezdómnij]

29. Stedelijke instellingen

winkel (de)	магазин (м)	[magazín]
apotheek (de)	аптека (ж)	[aptéka]
optiek (de)	оптика (ж)	[óptika]
winkelcentrum (het)	торговый центр (м)	[tɔrgóvij ʦǽntr]
supermarkt (de)	супермаркет (м)	[supermárket]

bakkerij (de)	булочная (ж)	[búlɔʧnaja]
bakker (de)	пекарь (м)	[pékari]
banketbakkerij (de)	кондитерская (ж)	[kɔndíterskaja]
kruidenier (de)	продуктовый магазин (м)	[prɔduktóvij magazín]
slagerij (de)	мясная лавка (ж)	[mısnája láfka]

groentewinkel (de)	овощная лавка (ж)	[ɔvɔʃnája láfka]
markt (de)	рынок (м)	[rĩnɔk]

koffiehuis (het)	кафе (с)	[kafǽ]
restaurant (het)	ресторан (м)	[restɔrán]
bar (de)	пивная (ж)	[pivnája]
pizzeria (de)	пиццерия (ж)	[piʦǽrija], [piʦɛríja]

kapperssalon (de/het)	парикмахерская (ж)	[parihmáherskaja]
postkantoor (het)	почта (ж)	[póʧta]
stomerij (de)	химчистка (ж)	[himʧístka]
fotostudio (de)	фотоателье (с)	[fɔtɔ·atɛljé]

schoenwinkel (de)	обувной магазин (м)	[ɔbuvnój magazín]
boekhandel (de)	книжный магазин (м)	[kníʒnij magazín]
sportwinkel (de)	спортивный магазин (м)	[spɔrtívnij magazín]

kledingreparatie (de)	ремонт (м) одежды	[remónt ɔdéʒdi]
kledingverhuur (de)	прокат (м) одежды	[prɔkát ɔdéʒdi]
videotheek (de)	прокат (м) фильмов	[prɔkát fílimɔf]

circus (de/het)	цирк (м)	[ʦĩrk]
dierentuin (de)	зоопарк (м)	[zɔɔpárk]
bioscoop (de)	кинотеатр (м)	[kinɔteátr]
museum (het)	музей (м)	[muzéj]

bibliotheek (de)	библиотека (ж)	[bibliotéka]
theater (het)	театр (м)	[teátr]
opera (de)	опера (ж)	[ópera]
nachtclub (de)	ночной клуб (м)	[nɔʧnój klúb]
casino (het)	казино (с)	[kazinó]
moskee (de)	мечеть (ж)	[meʧétʲ]
synagoge (de)	синагога (ж)	[sinagóga]
kathedraal (de)	собор (м)	[sɔbór]
tempel (de)	храм (м)	[hrám]
kerk (de)	церковь (ж)	[ʦǽrkɔfʲ]
instituut (het)	институт (м)	[institút]
universiteit (de)	университет (м)	[universitét]
school (de)	школа (ж)	[ʃkóla]
gemeentehuis (het)	префектура (ж)	[prefektúra]
stadhuis (het)	мэрия (ж)	[mǽrija]
hotel (het)	гостиница (ж)	[gɔstínitsa]
bank (de)	банк (м)	[bánk]
ambassade (de)	посольство (с)	[pɔsólʲstvɔ]
reisbureau (het)	турагентство (с)	[tur·agénstvɔ]
informatieloket (het)	справочное бюро (с)	[správɔʧnɔe bʲuró]
wisselkantoor (het)	обменный пункт (м)	[ɔbménnij púnkt]
metro (de)	метро (с)	[metró]
ziekenhuis (het)	больница (ж)	[bɔlʲnítsa]
benzinestation (het)	автозаправка (ж)	[aftɔ·zapráfka]
parking (de)	стоянка (ж)	[stɔjánka]

30. Borden

gevelreclame (de)	вывеска (ж)	[vɨ̄veska]
opschrift (het)	надпись (ж)	[nátpisʲ]
poster (de)	плакат, постер (м)	[plakát], [póstɛr]
wegwijzer (de)	указатель (м)	[ukazátelʲ]
pijl (de)	стрелка (ж)	[strélka]
waarschuwing (verwittiging)	предостережение (с)	[predɔstereʒǽnie]
waarschuwingsbord (het)	предупреждение (с)	[predupreʒdénie]
waarschuwen (ww)	предупредить (св, пх)	[predupredítʲ]
vrije dag (de)	выходной день (м)	[vɨhɔdnój dénʲ]
dienstregeling (de)	расписание (с)	[raspisánie]
openingsuren (mv.)	часы (мн) работы	[ʧasɨ̄ rabóti]
WELKOM!	ДОБРО ПОЖАЛОВАТЬ!	[dɔbró pɔʒálɔvatʲ]
INGANG	ВХОД	[fhód]
UITGANG	ВЫХОД	[vɨ̄hɔd]
DUWEN	ОТ СЕБЯ	[ɔt sebʲá]
TREKKEN	НА СЕБЯ	[na sebʲá]

| OPEN | ОТКРЫТО | [ɔtkrĩtɔ] |
| GESLOTEN | ЗАКРЫТО | [zakrĩtɔ] |

| DAMES | ДЛЯ ЖЕНЩИН | [dlʲa ʒǽnʃin] |
| HEREN | ДЛЯ МУЖЧИН | [dlʲa muʃín] |

KORTING	СКИДКИ	[skítki]
UITVERKOOP	РАСПРОДАЖА	[rasprɔdáʒa]
NIEUW!	НОВИНКА!	[nɔvínka]
GRATIS	БЕСПЛАТНО	[besplátnɔ]

PAS OP!	ВНИМАНИЕ!	[vnimánie]
VOLGEBOEKT	МЕСТ НЕТ	[mést nét]
GERESERVEERD	ЗАРЕЗЕРВИРОВАНО	[zarezervírɔvanɔ]

ADMINISTRATIE	АДМИНИСТРАЦИЯ	[administrátsija]
ALLEEN VOOR	ТОЛЬКО	[tólʲkɔ
PERSONEEL	ДЛЯ ПЕРСОНАЛА	dlʲa persɔnála]

GEVAARLIJKE HOND	ЗЛАЯ СОБАКА	[zlája sɔbáka]
VERBODEN TE ROKEN!	НЕ КУРИТЬ!	[ne kurítʲ]
NIET AANRAKEN!	РУКАМИ НЕ ТРОГАТЬ!	[rukámi ne trógatʲ]

GEVAARLIJK	ОПАСНО	[ɔpásnɔ]
GEVAAR	ОПАСНОСТЬ	[ɔpásnostʲ]
HOOGSPANNING	ВЫСОКОЕ НАПРЯЖЕНИЕ	[visókɔe naprɪʒǽnie]
VERBODEN TE ZWEMMEN	КУПАТЬСЯ ЗАПРЕЩЕНО	[kupátsa zapreʃenó]
BUITEN GEBRUIK	НЕ РАБОТАЕТ	[ne rabótaet]

ONTVLAMBAAR	ОГНЕОПАСНО	[ɔgneɔpásnɔ]
VERBODEN	ЗАПРЕЩЕНО	[zapreʃenó]
DOORGANG VERBODEN	ПРОХОД ЗАПРЕЩЁН	[prɔhót zapreʃǿn]
OPGELET PAS GEVERFD	ОКРАШЕНО	[ɔkráʃɛnɔ]

31. Winkelen

kopen (ww)	покупать (нсв, пх)	[pɔkupátʲ]
aankoop (de)	покупка (ж)	[pɔkúpka]
winkelen (ww)	делать покупки	[délatʲ pɔkúpki]
winkelen (het)	шоппинг (м)	[ʃóping]

| open zijn (ov. een winkel, enz.) | работать (нсв, нпх) | [rabótatʲ] |
| gesloten zijn (ww) | закрыться (св, возв) | [zakrĩtsa] |

schoeisel (het)	обувь (ж)	[óbufʲ]
kleren (mv.)	одежда (ж)	[ɔdéʒda]
cosmetica (mv.)	косметика (ж)	[kɔsmétika]
voedingswaren (mv.)	продукты (мн)	[prɔdúkti]
geschenk (het)	подарок (м)	[pɔdárɔk]

verkoper (de)	продавец (м)	[prɔdavéts]
verkoopster (de)	продавщица (ж)	[prɔdafʃítsa]
kassa (de)	касса (ж)	[kássa]

spiegel (de)	зеркало (c)	[zérkalɔ]
toonbank (de)	прилавок (м)	[prilávɔk]
paskamer (de)	примерочная (ж)	[primérɔtʃnaja]

aanpassen (ww)	примерить (св, пх)	[primériti]
passen (ov. kleren)	подходить (нсв, нпх)	[pɔtxɔdíti]
bevallen (prettig vinden)	нравиться (нсв, возв)	[nrávitsa]

prijs (de)	цена (ж)	[tsɛná]
prijskaartje (het)	ценник (м)	[tsǽnnik]
kosten (ww)	стоить (нсв, пх)	[stóiti]
Hoeveel?	Сколько?	[skóliko?]
korting (de)	скидка (ж)	[skítka]

niet duur (bn)	недорогой	[nedɔrɔgój]
goedkoop (bn)	дешёвый	[deʃóvij]
duur (bn)	дорогой	[dɔrɔgój]
Dat is duur.	Это дорого.	[ǽtɔ dórɔgɔ]

verhuur (de)	прокат (м)	[prɔkát]
huren (smoking, enz.)	взять напрокат	[vziáti naprɔkát]
krediet (het)	кредит (м)	[kredít]
op krediet (bw)	в кредит	[f kredít]

KLEDING EN ACCESSOIRES

32. Bovenkleding. Jassen

kleren (mv.)	одежда (ж)	[ɔdéʒda]
bovenkleding (de)	верхняя одежда (ж)	[vérhnʲaja ɔdéʒda]
winterkleding (de)	зимняя одежда (ж)	[zímnʲaja ɔdéʒda]
jas (de)	пальто (с)	[palʲtó]
bontjas (de)	шуба (ж)	[ʃúba]
bontjasje (het)	полушубок (м)	[pɔluʃúbɔk]
donzen jas (de)	пуховик (м)	[puhɔvík]
jasje (bijv. een leren ~)	куртка (ж)	[kúrtka]
regenjas (de)	плащ (м)	[pláʃʲ]
waterdicht (bn)	непромокаемый	[neprɔmɔkáemij]

33. Heren & dames kleding

overhemd (het)	рубашка (ж)	[rubáʃka]
broek (de)	брюки (мн)	[brʲúki]
jeans (de)	джинсы (мн)	[dʒĩnsɨ]
colbert (de)	пиджак (м)	[pidʒák]
kostuum (het)	костюм (м)	[kɔstʲúm]
jurk (de)	платье (с)	[plátje]
rok (de)	юбка (ж)	[júpka]
blouse (de)	блузка (ж)	[blúska]
wollen vest (de)	кофта (ж)	[kófta]
blazer (kort jasje)	жакет (м)	[ʒakét]
T-shirt (het)	футболка (ж)	[futbólka]
shorts (mv.)	шорты (мн)	[ʃórtɨ]
trainingspak (het)	спортивный костюм (м)	[spɔrtívnɨj kɔstʲúm]
badjas (de)	халат (м)	[halát]
pyjama (de)	пижама (ж)	[piʒáma]
sweater (de)	свитер (м)	[svítɛr]
pullover (de)	пуловер (м)	[pulóver]
gilet (het)	жилет (м)	[ʒilét]
rokkostuum (het)	фрак (м)	[frák]
smoking (de)	смокинг (м)	[smóking]
uniform (het)	форма (ж)	[fórma]
werkkleding (de)	рабочая одежда (ж)	[rabótʃaja ɔdéʒda]
overall (de)	комбинезон (м)	[kɔmbinezón]
doktersjas (de)	халат (м)	[halát]

34. Kleding. Ondergoed

ondergoed (het)	бельё (c)	[beljǿ]
herenslip (de)	трусы (м)	[trusī]
slipjes (mv.)	бельё (c)	[beljǿ]
onderhemd (het)	майка (ж)	[májka]
sokken (mv.)	носки (мн)	[nɔskí]
nachthemd (het)	ночная рубашка (ж)	[nɔʧnája rubáʃka]
beha (de)	бюстгальтер (м)	[bʲusgálʲter]
kniekousen (mv.)	гольфы (мн)	[gólʲfi]
panty (de)	колготки (мн)	[kɔlgótki]
nylonkousen (mv.)	чулки (мн)	[ʧʲulkí]
badpak (het)	купальник (м)	[kupálʲnik]

35. Hoofddeksels

hoed (de)	шапка (ж)	[ʃápka]
deukhoed (de)	шляпа (ж)	[ʃlʲápa]
honkbalpet (de)	бейсболка (ж)	[bejzbólka]
kleppet (de)	кепка (ж)	[képka]
baret (de)	берет (м)	[berét]
kap (de)	капюшон (м)	[kapʲuʃón]
panamahoed (de)	панамка (ж)	[panámka]
gebreide muts (de)	вязаная шапочка (ж)	[vʲázanaja ʃápɔʧka]
hoofddoek (de)	платок (м)	[platók]
dameshoed (de)	шляпка (ж)	[ʃlʲápka]
veiligheidshelm (de)	каска (ж)	[káska]
veldmuts (de)	пилотка (ж)	[pilótka]
helm, valhelm (de)	шлем (м)	[ʃlém]
bolhoed (de)	котелок (м)	[kɔtelók]
hoge hoed (de)	цилиндр (м)	[tsilíndr]

36. Schoeisel

schoeisel (het)	обувь (ж)	[óbufʲ]
schoenen (mv.)	ботинки (мн)	[bɔtínki]
vrouwenschoenen (mv.)	туфли (мн)	[túfli]
laarzen (mv.)	сапоги (мн)	[sapɔgí]
pantoffels (mv.)	тапочки (мн)	[tápɔʧki]
sportschoenen (mv.)	кроссовки (мн)	[krɔsófki]
sneakers (mv.)	кеды (мн)	[kédi]
sandalen (mv.)	сандалии (мн)	[sandálii]
schoenlapper (de)	сапожник (м)	[sapóʒnik]
hiel (de)	каблук (м)	[kablúk]

paar (een ~ schoenen)	пара (ж)	[pára]
veter (de)	шнурок (м)	[ʃnurók]
rijgen (schoenen ~)	шнуровать (нсв, пх)	[ʃnurɔvátʲ]
schoenlepel (de)	рожок (м)	[rɔʒók]
schoensmeer (de/het)	крем (м) для обуви	[krém dlʲa óbuvi]

37. Persoonlijke accessoires

handschoenen (mv.)	перчатки (ж мн)	[perʧátki]
wanten (mv.)	варежки (ж мн)	[váreʃki]
sjaal (fleece ~)	шарф (м)	[ʃárf]

bril (de)	очки (мн)	[ɔʧkí]
brilmontuur (het)	оправа (ж)	[ɔpráva]
paraplu (de)	зонт (м)	[zónt]
wandelstok (de)	трость (ж)	[tróstʲ]
haarborstel (de)	щётка (ж) для волос	[ʃʲɵtka dlʲa vɔlós]
waaier (de)	веер (м)	[véer]

das (de)	галстук (м)	[gálstuk]
strikje (het)	галстук-бабочка (м)	[gálstuk-bábɔʧka]
bretels (mv.)	подтяжки (мн)	[pɔttʲáʃki]
zakdoek (de)	носовой платок (м)	[nɔsɔvój platók]

kam (de)	расчёска (ж)	[raʃɵska]
haarspeldje (het)	заколка (ж)	[zakólka]
schuifspeldje (het)	шпилька (ж)	[ʃpílʲka]
gesp (de)	пряжка (ж)	[prʲáʃka]

broekriem (de)	пояс (м)	[pójas]
draagriem (de)	ремень (м)	[reménʲ]

handtas (de)	сумка (ж)	[súmka]
damestas (de)	сумочка (ж)	[súmɔʧka]
rugzak (de)	рюкзак (м)	[rʲukzák]

38. Kleding. Diversen

mode (de)	мода (ж)	[móda]
de mode (bn)	модный	[módnij]
kledingstilist (de)	модельер (м)	[mɔdɛljér]

kraag (de)	воротник (м)	[vɔrɔtník]
zak (de)	карман (м)	[karmán]
zak- (abn)	карманный	[karmánnij]
mouw (de)	рукав (м)	[rukáf]
lusje (het)	вешалка (ж)	[véʃəlka]
gulp (de)	ширинка (ж)	[ʃirínka]

rits (de)	молния (ж)	[mólnija]
sluiting (de)	застёжка (ж)	[zastɵʃka]
knoop (de)	пуговица (ж)	[púgɔvitsa]

knoopsgat (het)	петля (ж)	[petlʲá]
losraken (bijv. knopen)	оторваться (св, возв)	[ɔtɔrvátsa]

naaien (kleren, enz.)	шить (нсв, н/пх)	[ʃïtʲ]
borduren (ww)	вышивать (нсв, н/пх)	[viʃivátʲ]
borduursel (het)	вышивка (ж)	[vïʃifka]
naald (de)	иголка (ж)	[igólka]
draad (de)	нитка (ж)	[nítka]
naad (de)	шов (м)	[ʃóf]

vies worden (ww)	испачкаться (св, возв)	[ispátʃkatsa]
vlek (de)	пятно (с)	[pɪtnó]
gekreukt raken (ov. kleren)	помяться (нсв, возв)	[pɔmʲátsa]
scheuren (ov.ww.)	порвать (св, пх)	[pɔrvátʲ]
mot (de)	моль (м)	[mólʲ]

39. Persoonlijke verzorging. Schoonheidsmiddelen

tandpasta (de)	зубная паста (ж)	[zubnája pásta]
tandenborstel (de)	зубная щётка (ж)	[zubnája ʃǿtka]
tanden poetsen (ww)	чистить зубы	[tʃístitʲ zúbi]

scheermes (het)	бритва (ж)	[brítva]
scheerschuim (het)	крем (м) для бритья	[krém dlʲa britjá]
zich scheren (ww)	бриться (нсв, возв)	[brítsa]

zeep (de)	мыло (с)	[mïlɔ]
shampoo (de)	шампунь (м)	[ʃampúnʲ]

schaar (de)	ножницы (мн)	[nóʒnitsi]
nagelvijl (de)	пилочка (ж) для ногтей	[pílɔtʃka dlʲa nɔktéj]
nagelknipper (de)	щипчики (мн)	[ʃʲíptʃiki]
pincet (het)	пинцет (м)	[pintsǽt]

cosmetica (mv.)	косметика (ж)	[kɔsmétika]
masker (het)	маска (ж)	[máska]
manicure (de)	маникюр (м)	[manikʲúr]
manicure doen	делать маникюр	[délatʲ manikʲúr]
pedicure (de)	педикюр (м)	[pedikʲúr]

cosmetica tasje (het)	косметичка (ж)	[kɔsmetítʃka]
poeder (de/het)	пудра (ж)	[púdra]
poederdoos (de)	пудреница (ж)	[púdrenitsa]
rouge (de)	румяна (ж)	[rumʲána]

parfum (de/het)	духи (мн)	[duhʲí]
eau de toilet (de)	туалетная вода (ж)	[tualétnaja vɔdá]
lotion (de)	лосьон (м)	[lɔsjón]
eau de cologne (de)	одеколон (м)	[ɔdekɔlón]

oogschaduw (de)	тени (мн) для век	[téni dlʲa vék]
oogpotlood (het)	карандаш (м) для глаз	[karandáʃ dlʲa glás]
mascara (de)	тушь (ж)	[túʃ]
lippenstift (de)	губная помада (ж)	[gubnája pɔmáda]

nagellak (de)	лак (м) для ногтей	[lák dlʲa nɔktéj]
haarlak (de)	лак (м) для волос	[lák dlʲa vɔlós]
deodorant (de)	дезодорант (м)	[dezɔdɔránt]

crème (de)	крем (м)	[krém]
gezichtscrème (de)	крем (м) для лица	[krém dlʲa liʦá]
handcrème (de)	крем (м) для рук	[krém dlʲa rúk]
antirimpelcrème (de)	крем (м) против морщин	[krém prótif mɔrʃín]
dagcrème (de)	дневной крем (м)	[dnevnój krém]
nachtcrème (de)	ночной крем (м)	[nɔʧnój krém]
dag- (abn)	дневной	[dnevnój]
nacht- (abn)	ночной	[nɔʧnój]

tampon (de)	тампон (м)	[tampón]
toiletpapier (het)	туалетная бумага (ж)	[tualétnaja bumága]
föhn (de)	фен (м)	[fén]

40. Horloges. Klokken

polshorloge (het)	часы (мн)	[ʧasī]
wijzerplaat (de)	циферблат (м)	[ʦiferblát]
wijzer (de)	стрелка (ж)	[strélka]
metalen horlogeband (de)	браслет (м)	[braslét]
horlogebandje (het)	ремешок (м)	[remeʃók]

batterij (de)	батарейка (ж)	[bataréjka]
leeg zijn (ww)	сесть (св, нпх)	[séstʲ]
batterij vervangen	поменять батарейку	[pɔmenʲátʲ bataréjku]
voorlopen (ww)	спешить (нсв, нпх)	[speʃítʲ]
achterlopen (ww)	отставать (нсв, нпх)	[ɔtstavátʲ]

wandklok (de)	настенные часы (мн)	[nasténnie ʧasī]
zandloper (de)	песочные часы (мн)	[pesóʧnie ʧasī]
zonnewijzer (de)	солнечные часы (мн)	[sólneʧnie ʧasī]
wekker (de)	будильник (м)	[budílʲnik]
horlogemaker (de)	часовщик (м)	[ʧasofʃík]
repareren (ww)	ремонтировать (нсв, пх)	[remɔntírɔvatʲ]

ALLEDAAGSE ERVARING

41. Geld

geld (het)	деньги (мн)	[dén'gi]
ruil (de)	обмен (м)	[ɔbmén]
koers (de)	курс (м)	[kúrs]
geldautomaat (de)	банкомат (м)	[bankɔmát]
muntstuk (de)	монета (ж)	[mɔnéta]
dollar (de)	доллар (м)	[dólar]
euro (de)	евро (с)	[évrɔ]
lire (de)	лира (ж)	[líra]
Duitse mark (de)	марка (ж)	[márka]
frank (de)	франк (м)	[fránk]
pond sterling (het)	фунт стерлингов (м)	[fúnt stérlingɔf]
yen (de)	йена (ж)	[jéna]
schuld (geldbedrag)	долг (м)	[dólg]
schuldenaar (de)	должник (м)	[dɔlʒník]
uitlenen (ww)	дать в долг	[dát' v dólg]
lenen (geld ~)	взять в долг	[vz'át' v dólg]
bank (de)	банк (м)	[bánk]
bankrekening (de)	счёт (м)	[ʃǿt]
storten (ww)	положить (св, пх)	[pɔlɔʒít']
op rekening storten	положить на счёт	[pɔlɔʒít' na ʃǿt]
opnemen (ww)	снять со счёта	[sn'át' sɔ ʃǿta]
kredietkaart (de)	кредитная карта (ж)	[kredítnaja kárta]
baar geld (het)	наличные деньги (мн)	[nalíʧnie dén'gi]
cheque (de)	чек (м)	[ʧék]
een cheque uitschrijven	выписать чек	[vīpisat' ʧék]
chequeboekje (het)	чековая книжка (ж)	[ʧékɔvaja kníʃka]
portefeuille (de)	бумажник (м)	[bumáʒnik]
geldbeugel (de)	кошелёк (м)	[kɔʃɛlǿk]
safe (de)	сейф (м)	[séjf]
erfgenaam (de)	наследник (м)	[naslédnik]
erfenis (de)	наследство (с)	[naslétstvɔ]
fortuin (het)	состояние (с)	[sɔstɔjánie]
huur (de)	аренда (ж)	[arénda]
huurprijs (de)	квартирная плата (ж)	[kvartírnaja pláta]
huren (huis, kamer)	снимать (нсв, пх)	[snimát']
prijs (de)	цена (ж)	[ʦená]
kostprijs (de)	стоимость (ж)	[stóimɔst']

som (de)	сумма (ж)	[súmma]
uitgeven (geld besteden)	тратить (нсв, пх)	[trátitʲ]
kosten (mv.)	расходы (мн)	[rasxódi]
bezuinigen (ww)	экономить (нсв, н/пх)	[ɛkɔnómitʲ]
zuinig (bn)	экономный	[ɛkɔnómnij]
betalen (ww)	платить (нсв, н/пх)	[platítʲ]
betaling (de)	оплата (ж)	[ɔpláta]
wisselgeld (het)	сдача (ж)	[zdátʃa]
belasting (de)	налог (м)	[nalóg]
boete (de)	штраф (м)	[ʃtráf]
beboeten (bekeuren)	штрафовать (нсв, пх)	[ʃtrafɔvátʲ]

42. Post. Postkantoor

postkantoor (het)	почта (ж)	[pótʃta]
post (de)	почта (ж)	[pótʃta]
postbode (de)	почтальон (м)	[pɔtʃtaljón]
openingsuren (mv.)	часы (мн) работы	[tʃasī rabóti]
brief (de)	письмо (с)	[pisʲmó]
aangetekende brief (de)	заказное письмо (с)	[zakaznóe pisʲmó]
briefkaart (de)	открытка (ж)	[ɔtkrītka]
telegram (het)	телеграмма (ж)	[telegráma]
postpakket (het)	посылка (ж)	[pɔsīlka]
overschrijving (de)	денежный перевод (м)	[déneʒnij perevód]
ontvangen (ww)	получить (св, пх)	[polutʃítʲ]
sturen (zenden)	отправить (св, пх)	[ɔtprávitʲ]
verzending (de)	отправка (ж)	[ɔtpráfka]
adres (het)	адрес (м)	[ádres]
postcode (de)	индекс (м)	[índɛks]
verzender (de)	отправитель (м)	[ɔtpravítelʲ]
ontvanger (de)	получатель (м)	[polutʃátelʲ]
naam (de)	имя (с)	[ímʲa]
achternaam (de)	фамилия (ж)	[famílija]
tarief (het)	тариф (м)	[taríf]
standaard (bn)	обычный	[obītʃnij]
zuinig (bn)	экономичный	[ɛkɔnɔmítʃnij]
gewicht (het)	вес (м)	[vés]
afwegen (op de weegschaal)	взвешивать (нсв, пх)	[vzvéʃivatʲ]
envelop (de)	конверт (м)	[kɔnvért]
postzegel (de)	марка (ж)	[márka]
een postzegel plakken op	наклеивать марку	[naklέivatʲ márku]

43. Bankieren

bank (de)	банк (м)	[bánk]
bankfiliaal (het)	отделение (с)	[ɔtdelénie]

bankbediende (de)	консультант (м)	[kɔnsulʲtánt]
manager (de)	управляющий (м)	[upravlʲájuʃʲij]

bankrekening (de)	счёт (м)	[ʃʲǿt]
rekeningnummer (het)	номер (м) счёта	[nómer ʃʲǿta]
lopende rekening (de)	текущий счёт (м)	[tekúʃʲij ʃʲǿt]
spaarrekening (de)	накопительный счёт (м)	[nakɔpítelʲnij ʃʲǿt]

een rekening openen	открыть счёт	[ɔtkrĩtʲ ʃʲǿt]
de rekening sluiten	закрыть счёт	[zakrĩtʲ ʃʲǿt]
op rekening storten	положить на счёт	[pɔlɔʒĩtʲ na ʃʲǿt]
opnemen (ww)	снять со счёта	[snʲátʲ sɔ ʃʲǿta]

storting (de)	вклад (м)	[fklád]
een storting maken	сделать вклад	[zdélatʲ fklád]
overschrijving (de)	перевод (м)	[perevód]
een overschrijving maken	сделать перевод	[zdélatʲ perevód]

som (de)	сумма (ж)	[súmma]
Hoeveel?	Сколько?	[skólʲkɔ?]

handtekening (de)	подпись (ж)	[pótpisʲ]
ondertekenen (ww)	подписать (св, пх)	[pɔtpisátʲ]

kredietkaart (de)	кредитная карта (ж)	[kredítnaja kárta]
code (de)	код (м)	[kód]
kredietkaartnummer (het)	номер (м)	[nómer
	кредитной карты	kredítnɔj kárti]
geldautomaat (de)	банкомат (м)	[bankɔmát]

cheque (de)	чек (м)	[tʃék]
een cheque uitschrijven	выписать чек	[vĩpisatʲ tʃék]
chequeboekje (het)	чековая книжка (ж)	[tʃékɔvaja kníʃka]

lening, krediet (de)	кредит (м)	[kredít]
een lening aanvragen	обращаться за кредитом	[ɔbraʃʲátsa za kredítɔm]
een lening nemen	брать кредит	[brátʲ kredít]
een lening verlenen	предоставлять кредит	[predɔstavlʲátʲ kredít]
garantie (de)	гарантия (ж)	[garántija]

44. Telefoon. Telefoongesprek

telefoon (de)	телефон (м)	[telefón]
mobieltje (het)	мобильный телефон (м)	[mɔbílʲnij telefón]
antwoordapparaat (het)	автоответчик (м)	[áftɔ·otvéttʃik]

bellen (ww)	звонить (нсв, н/пх)	[zvɔnítʲ]
belletje (telefoontje)	звонок (м)	[zvɔnók]

een nummer draaien	набрать номер	[nabrátʲ nómer]
Hallo!	Алло!	[aló]
vragen (ww)	спросить (св, пх)	[sprɔsítʲ]
antwoorden (ww)	ответить (св, пх)	[ɔtvétitʲ]
horen (ww)	слышать (нсв, пх)	[slĩʃatʲ]

goed (bw)	хорошо	[hɔrɔʃó]
slecht (bw)	плохо	[plóhɔ]
storingen (mv.)	помехи (ж мн)	[pɔméhi]

hoorn (de)	трубка (ж)	[trúpka]
opnemen (ww)	снять трубку	[snʲátʲ trúpku]
ophangen (ww)	положить трубку	[pɔlɔʒītʲ trúpku]

bezet (bn)	занятый	[zánɪtij]
overgaan (ww)	звонить (нсв, нпх)	[zvɔnítʲ]
telefoonboek (het)	телефонная книга (ж)	[telefónnaja kníga]

lokaal (bn)	местный	[mésnij]
lokaal gesprek (het)	местный звонок (м)	[mésnij zvɔnók]
interlokaal (bn)	междугородний	[meʒdugɔródnij]
interlokaal gesprek (het)	междугородний звонок (м)	[meʒdugɔródnij zvɔnók]
buitenlands (bn)	международный	[meʒdunaródnij]

45. Mobiele telefoon

mobieltje (het)	мобильный телефон (м)	[mɔbílʲnij telefón]
scherm (het)	дисплей (м)	[displǽj]
toets, knop (de)	кнопка (ж)	[knópka]
simkaart (de)	SIM-карта (ж)	[sim-kárta]

batterij (de)	батарея (ж)	[bataréja]
leeg zijn (ww)	разрядиться (св, возв)	[razrɪdítsa]
acculader (de)	зарядное устройство (с)	[zarʲádnɔe ustrójstvɔ]

menu (het)	меню (с)	[menʲú]
instellingen (mv.)	настройки (ж мн)	[nastrójki]
melodie (beltoon)	мелодия (ж)	[melódija]
selecteren (ww)	выбрать (св, пх)	[vībratʲ]

rekenmachine (de)	калькулятор (м)	[kalʲkulʲátɔr]
voicemail (de)	голосовая почта (ж)	[gɔlɔsɔvája pótʃta]
wekker (de)	будильник (м)	[budílʲnik]
contacten (mv.)	телефонная книга (ж)	[telefónnaja kníga]

| SMS-bericht (het) | SMS-сообщение (с) | [ɛs·ɛm·ǽs-sɔɔpʃénie] |
| abonnee (de) | абонент (м) | [abɔnént] |

46. Schrijfbehoeften

| balpen (de) | шариковая ручка (ж) | [ʃárikɔvaja rútʃka] |
| vulpen (de) | перьевая ручка (ж) | [perjevája rútʃka] |

potlood (het)	карандаш (м)	[karandáʃ]
marker (de)	маркер (м)	[márker]
viltstift (de)	фломастер (м)	[flɔmáster]
notitieboekje (het)	блокнот (м)	[blɔknót]
agenda (boekje)	ежедневник (м)	[eʒednévnik]

liniaal (de/het)	линейка (ж)	[linéjka]
rekenmachine (de)	калькулятор (м)	[kalʲkulʲátɔr]
gom (de)	ластик (м)	[lástik]
punaise (de)	кнопка (ж)	[knópka]
paperclip (de)	скрепка (ж)	[skrépka]

lijm (de)	клей (м)	[kléj]
nietmachine (de)	степлер (м)	[stǽpler]
perforator (de)	дырокол (м)	[dirɔkól]
potloodslijper (de)	точилка (ж)	[tɔtʃílka]

47. Vreemde talen

taal (de)	язык (м)	[jɪzĩk]
vreemd (bn)	иностранный	[inɔstránnij]
vreemde taal (de)	иностранный язык (м)	[inɔstránnij jɪzĩk]
leren (bijv. van buiten ~)	изучать (нсв, пх)	[izutʃátʲ]
studeren (Nederlands ~)	учить (нсв, пх)	[utʃítʲ]

lezen (ww)	читать (нсв, н/пх)	[tʃitátʲ]
spreken (ww)	говорить (нсв, н/пх)	[gɔvorítʲ]
begrijpen (ww)	понимать (нсв, пх)	[pɔnimátʲ]
schrijven (ww)	писать (нсв, пх)	[pisátʲ]

snel (bw)	быстро	[bĩstrɔ]
langzaam (bw)	медленно	[médlenɔ]
vloeiend (bw)	свободно	[svɔbódnɔ]

regels (mv.)	правила (с мн)	[právila]
grammatica (de)	грамматика (ж)	[gramátika]
vocabulaire (het)	лексика (ж)	[léksika]
fonetiek (de)	фонетика (ж)	[fɔnǽtika]

leerboek (het)	учебник (м)	[utʃébnik]
woordenboek (het)	словарь (м)	[slɔvárʲ]
leerboek (het) voor zelfstudie	самоучитель (м)	[samoutʃítelʲ]
taalgids (de)	разговорник (м)	[razgɔvórnik]

cassette (de)	кассета (ж)	[kaséta]
videocassette (de)	видеокассета (ж)	[vídeo·kaséta]
CD (de)	компакт-диск (м)	[kɔmpákt-dísk]
DVD (de)	DVD-диск (м)	[di·vi·dí dísk]

alfabet (het)	алфавит (м)	[alfavít]
spellen (ww)	говорить по буквам	[gɔvorítʲ pɔ búkvam]
uitspraak (de)	произношение (с)	[prɔiznɔʃǽnie]

accent (het)	акцент (м)	[aktsǽnt]
met een accent (bw)	с акцентом	[s aktsǽntɔm]
zonder accent (bw)	без акцента	[bez aktsǽnta]

woord (het)	слово (с)	[slóvɔ]
betekenis (de)	смысл (м)	[smĩsl]
cursus (de)	курсы (мн)	[kúrsi]

| zich inschrijven (ww) | записаться (св, возв) | [zapisátsa] |
| leraar (de) | преподаватель (м) | [prepɔdavátelʲ] |

vertaling (een ~ maken)	перевод (м)	[perevód]
vertaling (tekst)	перевод (м)	[perevód]
vertaler (de)	переводчик (м)	[perevóttʃik]
tolk (de)	переводчик (м)	[perevóttʃik]

| polyglot (de) | полиглот (м) | [pɔliglót] |
| geheugen (het) | память (ж) | [pámɪtʲ] |

MAALTIJDEN. RESTAURANT

48. Tafelschikking

lepel (de)	ложка (ж)	[lóʃka]
mes (het)	нож (м)	[nóʃ]
vork (de)	вилка (ж)	[vílka]

kopje (het)	чашка (ж)	[tʃáʃka]
bord (het)	тарелка (ж)	[tarélka]
schoteltje (het)	блюдце (с)	[blʲútse]
servet (het)	салфетка (ж)	[salfétka]
tandenstoker (de)	зубочистка (ж)	[zubotʃístka]

49. Restaurant

restaurant (het)	ресторан (м)	[restɔrán]
koffiehuis (het)	кофейня (ж)	[kɔféjnʲa]
bar (de)	бар (м)	[bár]
tearoom (de)	чайный салон (м)	[tʃájnij salón]

kelner, ober (de)	официант (м)	[ɔfitsiánt]
serveerster (de)	официантка (ж)	[ɔfitsiántka]
barman (de)	бармен (м)	[bármɛn]

menu (het)	меню (с)	[menʲú]
wijnkaart (de)	карта (ж) вин	[kárta vín]
een tafel reserveren	забронировать столик	[zabrɔnírɔvatʲ stólik]

gerecht (het)	блюдо (с)	[blʲúdɔ]
bestellen (eten ~)	заказать (св, пх)	[zakazátʲ]
een bestelling maken	сделать заказ	[zdélatʲ zakás]

aperitief (de/het)	аперитив (м)	[aperitíf]
voorgerecht (het)	закуска (ж)	[zakúska]
dessert (het)	десерт (м)	[desért]

rekening (de)	счёт (м)	[ʃót]
de rekening betalen	оплатить счёт	[ɔplatítʲ ʃót]
wisselgeld teruggeven	дать сдачу	[dátʲ zdátʃu]
fooi (de)	чаевые (мн)	[tʃaevīe]

50. Maaltijden

| eten (het) | еда (ж) | [edá] |
| eten (ww) | есть (нсв, н/пх) | [éstʲ] |

55

ontbijt (het)	завтрак (м)	[záftrak]
ontbijten (ww)	завтракать (нсв, нпх)	[záftrakatʲ]
lunch (de)	обед (м)	[ɔbéd]
lunchen (ww)	обедать (нсв, нпх)	[ɔbédatʲ]
avondeten (het)	ужин (м)	[úʒin]
souperen (ww)	ужинать (нсв, нпх)	[úʒinatʲ]

| eetlust (de) | аппетит (м) | [apetít] |
| Eet smakelijk! | Приятного аппетита! | [prijátnɔvɔ apetíta] |

openen (een fles ~)	открывать (нсв, пх)	[ɔtkrivátʲ]
morsen (koffie, enz.)	пролить (св, пх)	[prɔlítʲ]
zijn gemorst	пролиться (св, возв)	[prɔlítsa]

koken (water kookt bij 100°C)	кипеть (нсв, нпх)	[kipétʲ]
koken (Hoe om water te ~)	кипятить (нсв, пх)	[kipitítʲ]
gekookt (~ water)	кипячёный	[kipiʧónij]
afkoelen (koeler maken)	охладить (св, пх)	[ɔhladítʲ]
afkoelen (koeler worden)	охлаждаться (нсв, возв)	[ɔhlaʒdátsa]

| smaak (de) | вкус (м) | [fkús] |
| nasmaak (de) | привкус (м) | [prífkus] |

volgen een dieet	худеть (нсв, нпх)	[hudétʲ]
dieet (het)	диета (ж)	[diéta]
vitamine (de)	витамин (м)	[vitamín]
calorie (de)	калория (ж)	[kalórija]
vegetariër (de)	вегетарианец (м)	[vegetariánets]
vegetarisch (bn)	вегетарианский	[vegetariánskij]

vetten (mv.)	жиры (мн)	[ʒirí]
eiwitten (mv.)	белки (мн)	[belkí]
koolhydraten (mv.)	углеводы (мн)	[uglevódi]
snede (de)	ломтик (м)	[lómtik]
stuk (bijv. een ~ taart)	кусок (м)	[kusók]
kruimel (de)	крошка (ж)	[króʃka]

51. Bereide gerechten

gerecht (het)	блюдо (с)	[blʲúdɔ]
keuken (bijv. Franse ~)	кухня (ж)	[kúhnʲa]
recept (het)	рецепт (м)	[retsæpt]
portie (de)	порция (ж)	[pórtsija]

| salade (de) | салат (м) | [salát] |
| soep (de) | суп (м) | [súp] |

bouillon (de)	бульон (м)	[buljón]
boterham (de)	бутерброд (м)	[buterbród]
spiegelei (het)	яичница (ж)	[iíʃnitsa]

hamburger (de)	гамбургер (м)	[gámburger]
biefstuk (de)	бифштекс (м)	[bifʃtǽks]
garnering (de)	гарнир (м)	[garnír]

spaghetti (de)	спагетти (мн)	[spagéti]
aardappelpuree (de)	картофельное пюре (с)	[kartófelʲnɔe pʲuré]
pizza (de)	пицца (ж)	[pítsa]
pap (de)	каша (ж)	[káʃa]
omelet (de)	омлет (м)	[ɔmlét]

gekookt (in water)	варёный	[varǿnij]
gerookt (bn)	копчёный	[kɔpʧónij]
gebakken (bn)	жареный	[ʒárenij]
gedroogd (bn)	сушёный	[suʃónij]
diepvries (bn)	замороженный	[zamɔróʒenij]
gemarineerd (bn)	маринованный	[marinóvanij]

zoet (bn)	сладкий	[slátkij]
gezouten (bn)	солёный	[sɔlǿnij]
koud (bn)	холодный	[hɔlódnij]
heet (bn)	горячий	[gɔrʲáʧij]
bitter (bn)	горький	[górʲkij]
lekker (bn)	вкусный	[fkúsnij]

koken (in kokend water)	варить (нсв, пх)	[varítʲ]
bereiden (avondmaaltijd ~)	готовить (нсв, пх)	[gotóvitʲ]
bakken (ww)	жарить (нсв, пх)	[ʒáritʲ]
opwarmen (ww)	разогревать (нсв, пх)	[razɔgrevátʲ]

zouten (ww)	солить (нсв, пх)	[sɔlítʲ]
peperen (ww)	перчить (нсв, пх)	[pérʧitʲ], [perʧítʲ]
raspen (ww)	тереть (нсв, пх)	[terétʲ]
schil (de)	кожура (ж)	[kɔʒurá]
schillen (ww)	чистить (нсв, пх)	[ʧístitʲ]

52. Voedsel

vlees (het)	мясо (с)	[mʲásɔ]
kip (de)	курица (ж)	[kúritsa]
kuiken (het)	цыплёнок (м)	[tsiplǿnɔk]
eend (de)	утка (ж)	[útka]
gans (de)	гусь (м)	[gúsʲ]
wild (het)	дичь (ж)	[dítʃʲ]
kalkoen (de)	индейка (ж)	[indéjka]

varkensvlees (het)	свинина (ж)	[svinína]
kalfsvlees (het)	телятина (ж)	[telʲátina]
schapenvlees (het)	баранина (ж)	[baránina]
rundvlees (het)	говядина (ж)	[gɔvʲádina]
konijnenvlees (het)	кролик (м)	[królik]

worst (de)	колбаса (ж)	[kɔlbasá]
saucijs (de)	сосиска (ж)	[sɔsíska]
spek (het)	бекон (м)	[bekón]
ham (de)	ветчина (ж)	[vetʧiná]
gerookte achterham (de)	окорок (м)	[ókɔrɔk]
paté (de)	паштет (м)	[paʃtét]
lever (de)	печень (ж)	[pétʃenʲ]

gehakt (het)	фарш (м)	[fárʃ]
tong (de)	язык (м)	[jɪzīk]

ei (het)	яйцо (с)	[jijtsó]
eieren (mv.)	яйца (мн)	[jájtsa]
eiwit (het)	белок (м)	[belók]
eigeel (het)	желток (м)	[ʒeltók]

vis (de)	рыба (ж)	[rība]
zeevruchten (mv.)	морепродукты (мн)	[more·prɔdúkti]
schaaldieren (mv.)	ракообразные (мн)	[rakɔɔbráznie]
kaviaar (de)	икра (ж)	[ikrá]

krab (de)	краб (м)	[kráb]
garnaal (de)	креветка (ж)	[krevétka]
oester (de)	устрица (ж)	[ústritsa]
langoest (de)	лангуст (м)	[langúst]
octopus (de)	осьминог (м)	[osʲminóg]
inktvis (de)	кальмар (м)	[kalʲmár]

steur (de)	осетрина (ж)	[ɔsetrína]
zalm (de)	лосось (м)	[lɔsósʲ]
heilbot (de)	палтус (м)	[páltus]

kabeljauw (de)	треска (ж)	[treská]
makreel (de)	скумбрия (ж)	[skúmbrija]
tonijn (de)	тунец (м)	[tunéts]
paling (de)	угорь (м)	[úgɔrʲ]

forel (de)	форель (ж)	[fɔrǽlʲ]
sardine (de)	сардина (ж)	[sardína]
snoek (de)	щука (ж)	[ʃʲúka]
haring (de)	сельдь (ж)	[sélʲtʲ]

brood (het)	хлеб (м)	[hléb]
kaas (de)	сыр (м)	[sīr]
suiker (de)	сахар (м)	[sáhar]
zout (het)	соль (ж)	[sólʲ]

rijst (de)	рис (м)	[rís]
pasta (de)	макароны (мн)	[makaróni]
noedels (mv.)	лапша (ж)	[lapʃá]

boter (de)	сливочное масло (с)	[slívɔtʃnɔe máslɔ]
plantaardige olie (de)	растительное масло (с)	[rastítelʲnɔe máslɔ]
zonnebloemolie (de)	подсолнечное масло (с)	[pɔtsólnetʃnɔe máslɔ]
margarine (de)	маргарин (м)	[margarín]

olijven (mv.)	оливки (мн)	[ɔlífki]
olijfolie (de)	оливковое масло (с)	[ɔlífkɔvɔe máslɔ]

melk (de)	молоко (с)	[mɔlɔkó]
gecondenseerde melk (de)	сгущённое молоко (с)	[sguʃǿnɔe mɔlɔkó]
yoghurt (de)	йогурт (м)	[jógurt]
zure room (de)	сметана (ж)	[smetána]
room (de)	сливки (мн)	[slífki]

| mayonaise (de) | майонез (м) | [majinǽs] |
| crème (de) | крем (м) | [krém] |

graan (het)	крупа (ж)	[krupá]
meel (het), bloem (de)	мука (ж)	[muká]
conserven (mv.)	консервы (мн)	[kɔnsérvɨ]

maïsvlokken (mv.)	кукурузные хлопья (мн)	[kukurúznɨe hlópja]
honing (de)	мёд (м)	[mød]
jam (de)	джем, конфитюр (м)	[dʒǽm], [kɔnfitʲúr]
kauwgom (de)	жевательная резинка (м)	[ʒevátelʲnaja rezínka]

53. Drankjes

water (het)	вода (ж)	[vɔdá]
drinkwater (het)	питьевая вода (ж)	[pitjevája vɔdá]
mineraalwater (het)	минеральная вода (ж)	[minerálʲnaja vɔdá]

zonder gas	без газа	[bez gáza]
koolzuurhoudend (bn)	газированная	[gazirɔ́vanaja]
bruisend (bn)	с газом	[s gázɔm]
ijs (het)	лёд (м)	[lød]
met ijs	со льдом	[sɔ lʲdóm]

alcohol vrij (bn)	безалкогольный	[bezalkɔgólʲnij]
alcohol vrije drank (de)	безалкогольный напиток (м)	[bezalkɔgólʲnij napítɔk]
frisdrank (de)	прохладительный напиток (м)	[prɔhladítelʲnij napítɔk]
limonade (de)	лимонад (м)	[limɔnád]

alcoholische dranken (mv.)	алкогольные напитки (мн)	[alkɔgólʲnie napítki]
wijn (de)	вино (с)	[vinó]
witte wijn (de)	белое вино (с)	[bélɔe vinó]
rode wijn (de)	красное вино (с)	[krásnɔe vinó]

likeur (de)	ликёр (м)	[likør]
champagne (de)	шампанское (с)	[ʃampánskɔe]
vermout (de)	вермут (м)	[vérmut]

whisky (de)	виски (с)	[víski]
wodka (de)	водка (ж)	[vótka]
gin (de)	джин (м)	[dʒĭn]
cognac (de)	коньяк (м)	[kɔnják]
rum (de)	ром (м)	[róm]

koffie (de)	кофе (м)	[kófe]
zwarte koffie (de)	чёрный кофе (м)	[ʧórnij kófe]
koffie (de) met melk	кофе (м) с молоком	[kófe s mɔlɔkóm]
cappuccino (de)	кофе (м) со сливками	[kófe sɔ slífkami]
oploskoffie (de)	растворимый кофе (м)	[rastvɔrímij kófe]

| melk (de) | молоко (с) | [mɔlɔkó] |
| cocktail (de) | коктейль (м) | [kɔktǽjlʲ] |

milkshake (de)	молочный коктейль (м)	[mɔlótʃnij kɔktǽjlʲ]
sap (het)	сок (м)	[sók]
tomatensap (het)	томатный сок (м)	[tɔmátnij sók]
sinaasappelsap (het)	апельсиновый сок (м)	[apelʲsínɔvij sók]
vers geperst sap (het)	свежевыжатый сок (м)	[sveʒe·vĩʒatij sók]

bier (het)	пиво (с)	[pívɔ]
licht bier (het)	светлое пиво (с)	[svétlɔe pívɔ]
donker bier (het)	тёмное пиво (с)	[tǿmnɔe pívɔ]

thee (de)	чай (м)	[ʧáj]
zwarte thee (de)	чёрный чай (м)	[ʧórnij ʧáj]
groene thee (de)	зелёный чай (м)	[zelǿnij ʧáj]

54. Groenten

| groenten (mv.) | овощи (м мн) | [óvɔʃʲi] |
| verse kruiden (mv.) | зелень (ж) | [zélenʲ] |

tomaat (de)	помидор (м)	[pɔmidór]
augurk (de)	огурец (м)	[ɔguréts]
wortel (de)	морковь (ж)	[mɔrkófʲ]
aardappel (de)	картофель (м)	[kartófelʲ]
ui (de)	лук (м)	[lúk]
knoflook (de)	чеснок (м)	[ʧesnók]

kool (de)	капуста (ж)	[kapústa]
bloemkool (de)	цветная капуста (ж)	[tsvetnája kapústa]
spruitkool (de)	брюссельская капуста (ж)	[brʲusélʲskaja kapústa]
broccoli (de)	капуста брокколи (ж)	[kapústa brókɔli]

rode biet (de)	свёкла (ж)	[svǿkla]
aubergine (de)	баклажан (м)	[baklaʒán]
courgette (de)	кабачок (м)	[kabaʧók]
pompoen (de)	тыква (ж)	[tĩkva]
raap (de)	репа (ж)	[répa]

peterselie (de)	петрушка (ж)	[petrúʃka]
dille (de)	укроп (м)	[ukróp]
sla (de)	салат (м)	[salát]
selderij (de)	сельдерей (м)	[selʲderéj]

| asperge (de) | спаржа (ж) | [spárʒa] |
| spinazie (de) | шпинат (м) | [ʃpinát] |

| erwt (de) | горох (м) | [gɔróh] |
| bonen (mv.) | бобы (мн) | [bɔbĩ] |

| maïs (de) | кукуруза (ж) | [kukurúza] |
| nierboon (de) | фасоль (ж) | [fasólʲ] |

peper (de)	перец (м)	[pérets]
radijs (de)	редис (м)	[redís]
artisjok (de)	артишок (м)	[artiʃók]

55. Vruchten. Noten

vrucht (de)	фрукт (м)	[frúkt]
appel (de)	яблоко (с)	[jábləkɔ]
peer (de)	груша (ж)	[grúʃa]
citroen (de)	лимон (м)	[limón]
sinaasappel (de)	апельсин (м)	[apelʲsín]
aardbei (de)	клубника (ж)	[klubníka]
mandarijn (de)	мандарин (м)	[mandarín]
pruim (de)	слива (ж)	[slíva]
perzik (de)	персик (м)	[pérsik]
abrikoos (de)	абрикос (м)	[abrikós]
framboos (de)	малина (ж)	[malína]
ananas (de)	ананас (м)	[ananás]
banaan (de)	банан (м)	[banán]
watermeloen (de)	арбуз (м)	[arbús]
druif (de)	виноград (м)	[vinɔgrád]
zure kers (de)	вишня (ж)	[víʃnʲa]
zoete kers (de)	черешня (ж)	[ʧeréʃnʲa]
meloen (de)	дыня (ж)	[dĭnʲa]
grapefruit (de)	грейпфрут (м)	[gréjpfrut]
avocado (de)	авокадо (с)	[avɔkádɔ]
papaja (de)	папайя (ж)	[papája]
mango (de)	манго (с)	[mángɔ]
granaatappel (de)	гранат (м)	[granát]
rode bes (de)	красная смородина (ж)	[krásnaja smɔródina]
zwarte bes (de)	чёрная смородина (ж)	[ʧórnaja smɔródina]
kruisbes (de)	крыжовник (м)	[kriӡóvnik]
blauwe bosbes (de)	черника (ж)	[ʧerníka]
braambes (de)	ежевика (ж)	[eӡevíka]
rozijn (de)	изюм (м)	[izʲúm]
vijg (de)	инжир (м)	[inӡĭr]
dadel (de)	финик (м)	[fínik]
pinda (de)	арахис (м)	[aráhis]
amandel (de)	миндаль (м)	[mindálʲ]
walnoot (de)	грецкий орех (м)	[grétskij ɔréh]
hazelnoot (de)	лесной орех (м)	[lesnój ɔréh]
kokosnoot (de)	кокосовый орех (м)	[kɔkósɔvij ɔréh]
pistaches (mv.)	фисташки (мн)	[fistáʃki]

56. Brood. Snoep

suikerbakkerij (de)	кондитерские изделия (мн)	[kɔndíterskie izdélija]
brood (het)	хлеб (м)	[hléb]
koekje (het)	печенье (с)	[peʧénʲe]
chocolade (de)	шоколад (м)	[ʃɔkɔlád]
chocolade- (abn)	шоколадный	[ʃɔkɔládnij]

snoepje (het)	конфета (ж)	[kɔnféta]
cakeje (het)	пирожное (с)	[piróʒnɔe]
taart (bijv. verjaardags~)	торт (м)	[tórt]

| pastei (de) | пирог (м) | [piróg] |
| vulling (de) | начинка (ж) | [naʧínka] |

confituur (de)	варенье (с)	[varénje]
marmelade (de)	мармелад (м)	[marmelád]
wafel (de)	вафли (мн)	[váfli]
ijsje (het)	мороженое (с)	[mɔróʒenɔe]
pudding (de)	пудинг (м)	[púding]

57. Kruiden

zout (het)	соль (ж)	[sólʲ]
gezouten (bn)	солёный	[sɔlǿnij]
zouten (ww)	солить (нсв, пх)	[sɔlítʲ]

zwarte peper (de)	чёрный перец (м)	[ʧórnij pérets]
rode peper (de)	красный перец (м)	[krásnij pérets]
mosterd (de)	горчица (ж)	[gɔrʧítsa]
mierikswortel (de)	хрен (м)	[hrén]

condiment (het)	приправа (ж)	[pripráva]
specerij, kruiderij (de)	пряность (ж)	[prʲánɔstʲ]
saus (de)	соус (м)	[sóus]
azijn (de)	уксус (м)	[úksus]

anijs (de)	анис (м)	[anís]
basilicum (de)	базилик (м)	[bazilík]
kruidnagel (de)	гвоздика (ж)	[gvɔzdíka]
gember (de)	имбирь (м)	[imbírʲ]
koriander (de)	кориандр (м)	[kɔriándr]
kaneel (de/het)	корица (ж)	[kɔrítsa]

sesamzaad (het)	кунжут (м)	[kunʒút]
laurierblad (het)	лавровый лист (м)	[lavróvij líst]
paprika (de)	паприка (ж)	[páprika]
komijn (de)	тмин (м)	[tmín]
saffraan (de)	шафран (м)	[ʃafrán]

PERSOONLIJKE INFORMATIE. FAMILIE

58. Persoonlijke informatie. Formulieren

naam (de)	имя (с)	[ímʲa]
achternaam (de)	фамилия (ж)	[famílija]
geboortedatum (de)	дата (ж) рождения	[dáta rɔʒdénija]
geboorteplaats (de)	место (с) рождения	[méstɔ rɔʒdénija]
nationaliteit (de)	национальность (ж)	[natsiɔnálʲnostʲ]
woonplaats (de)	место (с) жительства	[méstɔ ʒĩtelʲstva]
land (het)	страна (ж)	[straná]
beroep (het)	профессия (ж)	[prɔfésija]
geslacht (ov. het vrouwelijk ~)	пол (м)	[pól]
lengte (de)	рост (м)	[róst]
gewicht (het)	вес (м)	[vés]

59. Familieleden. Verwanten

moeder (de)	мать (ж)	[mátʲ]
vader (de)	отец (м)	[ɔtéts]
zoon (de)	сын (м)	[sĩn]
dochter (de)	дочь (ж)	[dótʃʲ]
jongste dochter (de)	младшая дочь (ж)	[mládʃaja dótʃʲ]
jongste zoon (de)	младший сын (м)	[mládʃij sĩn]
oudste dochter (de)	старшая дочь (ж)	[stárʃaja dótʃʲ]
oudste zoon (de)	старший сын (м)	[stárʃij sĩn]
broer (de)	брат (м)	[brát]
zuster (de)	сестра (ж)	[sestrá]
neef (zoon van oom, tante)	двоюродный брат (м)	[dvɔjúrɔdnij brát]
nicht (dochter van oom, tante)	двоюродная сестра (ж)	[dvɔjúrɔdnaja sestrá]
mama (de)	мама (ж)	[máma]
papa (de)	папа (м)	[pápa]
ouders (mv.)	родители (мн)	[rɔdíteli]
kind (het)	ребёнок (м)	[rebǿnɔk]
kinderen (mv.)	дети (мн)	[déti]
oma (de)	бабушка (ж)	[bábuʃka]
opa (de)	дедушка (м)	[déduʃka]
kleinzoon (de)	внук (м)	[vnúk]
kleindochter (de)	внучка (ж)	[vnútʃka]
kleinkinderen (mv.)	внуки (мн)	[vnúki]

oom (de)	дядя (м)	[dʲádʲa]
tante (de)	тётя (ж)	[tǿtʲa]
neef (zoon van broer, zus)	племянник (м)	[plemʲánik]
nicht (dochter van broer, zus)	племянница (ж)	[plemʲánitsa]

schoonmoeder (de)	тёща (ж)	[tǿʃa]
schoonvader (de)	свёкор (м)	[svǿkɔr]
schoonzoon (de)	зять (м)	[zʲátʲ]
stiefmoeder (de)	мачеха (ж)	[mátʃeha]
stiefvader (de)	отчим (м)	[óttʃim]

zuigeling (de)	грудной ребёнок (м)	[grudnój rebǿnɔk]
wiegenkind (het)	младенец (м)	[mladénets]
kleuter (de)	малыш (м)	[malʲʃ]

vrouw (de)	жена (ж)	[ʒená]
man (de)	муж (м)	[múʃ]
echtgenoot (de)	супруг (м)	[suprúg]
echtgenote (de)	супруга (ж)	[suprúga]

gehuwd (mann.)	женатый	[ʒenátij]
gehuwd (vrouw.)	замужняя	[zamúʒnʲaja]
ongehuwd (mann.)	холостой	[hɔlɔstój]
vrijgezel (de)	холостяк (м)	[hɔlɔstʲák]
gescheiden (bn)	разведённый	[razvedǿnnij]
weduwe (de)	вдова (ж)	[vdɔvá]
weduwnaar (de)	вдовец (м)	[vdɔvéts]

familielid (het)	родственник (м)	[rótstvenik]
dichte familielid (het)	близкий родственник (м)	[blískij rótstvenik]
verre familielid (het)	дальний родственник (м)	[dálʲnij rótstvenik]
familieleden (mv.)	родные (мн)	[rɔdnʲÿje]

wees (weesjongen)	сирота (м)	[sirɔtá]
wees (weesmeisje)	сирота (ж)	[sirɔtá]
voogd (de)	опекун (м)	[ɔpekún]
adopteren (een jongen te ~)	усыновить (св, пх)	[usinɔvítʲ]
adopteren (een meisje te ~)	удочерить (св, пх)	[udɔtʃerítʲ]

60. Vrienden. Collega's

vriend (de)	друг (м)	[drúg]
vriendin (de)	подруга (ж)	[pɔdrúga]
vriendschap (de)	дружба (ж)	[drúʒba]
bevriend zijn (ww)	дружить (нсв, нпх)	[druʒítʲ]

makker (de)	приятель (м)	[prijátelʲ]
vriendin (de)	приятельница (ж)	[prijátelʲnitsa]
partner (de)	партнёр (м)	[partnǿr]

chef (de)	шеф (м)	[ʃǽf]
baas (de)	начальник (м)	[natʃálʲnik]
eigenaar (de)	владелец (м)	[vladélets]
ondergeschikte (de)	подчинённый (м)	[pɔttʃinǿnnij]

collega (de)	коллега (м)	[kɔléga]
kennis (de)	знакомый (м)	[znakómij]
medereiziger (de)	попутчик (м)	[pɔpúttʃik]
klasgenoot (de)	одноклассник (м)	[ɔdnɔklásnik]
buurman (de)	сосед (м)	[sɔséd]
buurvrouw (de)	соседка (ж)	[sɔsétka]
buren (mv.)	соседи (мн)	[sɔsédi]

MENSELIJK LICHAAM. GENEESKUNDE

61. Hoofd

hoofd (het)	голова (ж)	[gɔlɔvá]
gezicht (het)	лицо (с)	[liʦó]
neus (de)	нос (м)	[nós]
mond (de)	рот (м)	[rót]
oog (het)	глаз (м)	[glás]
ogen (mv.)	глаза (мн)	[glazá]
pupil (de)	зрачок (м)	[zraʧók]
wenkbrauw (de)	бровь (ж)	[brófʲ]
wimper (de)	ресница (ж)	[resníʦa]
ooglid (het)	веко (с)	[vékɔ]
tong (de)	язык (м)	[jɪzīk]
tand (de)	зуб (м)	[zúb]
lippen (mv.)	губы (мн)	[gúbi]
jukbeenderen (mv.)	скулы (мн)	[skúli]
tandvlees (het)	десна (ж)	[desná]
gehemelte (het)	нёбо (с)	[nǿbɔ]
neusgaten (mv.)	ноздри (мн)	[nózdri]
kin (de)	подбородок (м)	[pɔdbɔródɔk]
kaak (de)	челюсть (ж)	[ʧélʲustʲ]
wang (de)	щека (ж)	[ʃʲeká]
voorhoofd (het)	лоб (м)	[lób]
slaap (de)	висок (м)	[visók]
oor (het)	ухо (с)	[úhɔ]
achterhoofd (het)	затылок (м)	[zatīlɔk]
hals (de)	шея (ж)	[ʃǽja]
keel (de)	горло (с)	[górlɔ]
haren (mv.)	волосы (мн)	[vólɔsi]
kapsel (het)	причёска (ж)	[priʧóska]
haarsnit (de)	стрижка (ж)	[stríʃka]
pruik (de)	парик (м)	[parík]
snor (de)	усы (м мн)	[usī]
baard (de)	борода (ж)	[bɔrɔdá]
dragen (een baard, enz.)	носить (нсв, пх)	[nɔsítʲ]
vlecht (de)	коса (ж)	[kɔsá]
bakkebaarden (mv.)	бакенбарды (мн)	[bakenbárdi]
ros (roodachtig, rossig)	рыжий	[rīʒij]
grijs (~ haar)	седой	[sedój]
kaal (bn)	лысый	[līsij]
kale plek (de)	лысина (ж)	[līsina]

| paardenstaart (de) | хвост (м) | [hvóst] |
| pony (de) | чёлка (ж) | [ʧólka] |

62. Menselijk lichaam

| hand (de) | кисть (ж) | [kístʲ] |
| arm (de) | рука (ж) | [ruká] |

vinger (de)	палец (м)	[pálets]
duim (de)	большой палец (м)	[bolʲʃój pálets]
pink (de)	мизинец (м)	[mizínets]
nagel (de)	ноготь (м)	[nógotʲ]

vuist (de)	кулак (м)	[kulák]
handpalm (de)	ладонь (ж)	[ladónʲ]
pols (de)	запястье (с)	[zapʲástje]
voorarm (de)	предплечье (с)	[pretplétʃje]
elleboog (de)	локоть (м)	[lókotʲ]
schouder (de)	плечо (с)	[pleʧó]

been (rechter ~)	нога (ж)	[nogá]
voet (de)	ступня (ж)	[stupnʲá]
knie (de)	колено (с)	[kólénɔ]
kuit (de)	икра (ж)	[ikrá]
heup (de)	бедро (с)	[bedró]
hiel (de)	пятка (ж)	[pʲátka]

lichaam (het)	тело (с)	[télɔ]
buik (de)	живот (м)	[ʒivót]
borst (de)	грудь (ж)	[grútʲ]
borst (de)	грудь (ж)	[grútʲ]
zijde (de)	бок (м)	[bók]
rug (de)	спина (ж)	[spiná]
lage rug (de)	поясница (ж)	[pojisnítsa]
taille (de)	талия (ж)	[tálija]

navel (de)	пупок (м)	[pupók]
billen (mv.)	ягодицы (мн)	[jágoditsi]
achterwerk (het)	зад (м)	[zád]

huidvlek (de)	родинка (ж)	[ródinka]
moedervlek (de)	родимое пятно (с)	[rodímɔe pɪtnó]
tatoeage (de)	татуировка (ж)	[tatuirófka]
litteken (het)	шрам (м)	[ʃrám]

63. Ziekten

ziekte (de)	болезнь (ж)	[boléznʲ]
ziek zijn (ww)	болеть (нсв, нпх)	[bolétʲ]
gezondheid (de)	здоровье (с)	[zdoróvje]
snotneus (de)	насморк (м)	[násmɔrk]
angina (de)	ангина (ж)	[angína]

Nederlands	Russisch	Transcriptie
verkoudheid (de)	простуда (ж)	[prɔstúda]
verkouden raken (ww)	простудиться (св, возв)	[prɔstudítsa]
bronchitis (de)	бронхит (м)	[brɔnhít]
longontsteking (de)	воспаление (c) лёгких	[vɔspalénie lǿhkih]
griep (de)	грипп (м)	[gríp]
bijziend (bn)	близорукий	[blizɔrúkij]
verziend (bn)	дальнозоркий	[dalʲnɔzórkij]
scheelheid (de)	косоглазие (c)	[kɔsɔglázie]
scheel (bn)	косоглазый	[kɔsɔglázij]
grauwe staar (de)	катаракта (ж)	[katarákta]
glaucoom (het)	глаукома (ж)	[glaukóma]
beroerte (de)	инсульт (м)	[insúlʲt]
hartinfarct (het)	инфаркт (м)	[infárkt]
myocardiaal infarct (het)	инфаркт (м) миокарда	[infárkt miɔkárda]
verlamming (de)	паралич (м)	[paralítʃ]
verlammen (ww)	парализовать (нсв, пх)	[paralizɔvátʲ]
allergie (de)	аллергия (ж)	[alergíja]
astma (de/het)	астма (ж)	[ástma]
diabetes (de)	диабет (м)	[diabét]
tandpijn (de)	зубная боль (ж)	[zubnája bólʲ]
tandbederf (het)	кариес (м)	[káries]
diarree (de)	диарея (ж)	[diaréja]
constipatie (de)	запор (м)	[zapór]
maagstoornis (de)	расстройство (c) желудка	[rastrójstvɔ ʒelútka]
voedselvergiftiging (de)	отравление (c)	[ɔtravlénie]
voedselvergiftiging oplopen	отравиться (св, возв)	[ɔtravítsa]
artritis (de)	артрит (м)	[artrít]
rachitis (de)	рахит (м)	[rahít]
reuma (het)	ревматизм (м)	[revmatízm]
arteriosclerose (de)	атеросклероз (м)	[atɛrɔsklerós]
gastritis (de)	гастрит (м)	[gastrít]
blindedarmontsteking (de)	аппендицит (м)	[apenditsı̄t]
galblaasontsteking (de)	холецистит (м)	[hɔletsistít]
zweer (de)	язва (ж)	[jázva]
mazelen (mv.)	корь (ж)	[kórʲ]
rodehond (de)	краснуха (ж)	[krasnúha]
geelzucht (de)	желтуха (ж)	[ʒeltúha]
leverontsteking (de)	гепатит (м)	[gepatít]
schizofrenie (de)	шизофрения (ж)	[ʃizɔfreníja]
dolheid (de)	бешенство (c)	[béʃɛnstvɔ]
neurose (de)	невроз (м)	[nevrós]
hersenschudding (de)	сотрясение (c) мозга	[sɔtrısénie mózga]
kanker (de)	рак (м)	[rák]
sclerose (de)	склероз (м)	[sklerós]
multiple sclerose (de)	рассеянный склероз (м)	[rasséınnij sklerós]

alcoholisme (het)	алкоголизм (м)	[alkɔgɔlízm]
alcoholicus (de)	алкоголик (м)	[alkɔgólik]
syfilis (de)	сифилис (м)	[sífilis]
AIDS (de)	СПИД (м)	[spíd]

tumor (de)	опухоль (ж)	[ópuhɔlʲ]
kwaadaardig (bn)	злокачественная	[zlɔkátʃestvenaja]
goedaardig (bn)	доброкачественная	[dɔbrɔkátʃestvenaja]

koorts (de)	лихорадка (ж)	[lihɔrátka]
malaria (de)	малярия (ж)	[malîríja]
gangreen (het)	гангрена (ж)	[gangréna]
zeeziekte (de)	морская болезнь (ж)	[mɔrskája bɔléznʲ]
epilepsie (de)	эпилепсия (ж)	[ɛpilépsija]

epidemie (de)	эпидемия (ж)	[ɛpidémija]
tyfus (de)	тиф (м)	[tíf]
tuberculose (de)	туберкулёз (м)	[tuberkulǿs]
cholera (de)	холера (ж)	[hɔléra]
pest (de)	чума (ж)	[tʃʲumá]

64. Symptomen. Behandelingen. Deel 1

symptoom (het)	симптом (м)	[simptóm]
temperatuur (de)	температура (ж)	[temperatúra]
verhoogde temperatuur (de)	высокая температура (ж)	[visókaja temperatúra]
polsslag (de)	пульс (м)	[púlʲs]

duizeling (de)	головокружение (с)	[gólɔvɔ·kruʒǽnie]
heet (erg warm)	горячий	[gɔrʲátʃij]
koude rillingen (mv.)	озноб (м)	[ɔznób]
bleek (bn)	бледный	[blédnʲij]

hoest (de)	кашель (м)	[káʃɛlʲ]
hoesten (ww)	кашлять (нсв, нпх)	[káʃlʲtʲ]
niezen (ww)	чихать (нсв, нпх)	[tʃʲihátʲ]
flauwte (de)	обморок (м)	[óbmɔrɔk]
flauwvallen (ww)	упасть в обморок	[upástʲ v óbmɔrɔk]

blauwe plek (de)	синяк (м)	[sinʲák]
buil (de)	шишка (ж)	[ʃíʃka]
zich stoten (ww)	удариться (св, возв)	[udáritsa]
kneuzing (de)	ушиб (м)	[uʃíb]
kneuzen (gekneusd zijn)	ударить ... (св, пх)	[udáritʲ ...]

hinken (ww)	хромать (нсв, нпх)	[hrɔmátʲ]
verstuiking (de)	вывих (м)	[vívih]
verstuiken (enkel, enz.)	вывихнуть (св, пх)	[vívihnutʲ]
breuk (de)	перелом (м)	[perelóm]
een breuk oplopen	получить перелом	[pɔlutʃítʲ perelóm]

snijwond (de)	порез (м)	[pɔrés]
zich snijden (ww)	порезаться (св, возв)	[pɔrézatsa]
bloeding (de)	кровотечение (с)	[krɔvɔ·tetʃénie]

| brandwond (de) | ожог (м) | [ɔʒóg] |
| zich branden (ww) | обжечься (св, возв) | [ɔbʒǽtʃsʲa] |

prikken (ww)	уколоть (св, пх)	[ukɔlótʲ]
zich prikken (ww)	уколоться (св, возв)	[ukɔlótsa]
blesseren (ww)	повредить (св, пх)	[pɔvredítʲ]
blessure (letsel)	повреждение (с)	[pɔvreʒdénie]
wond (de)	рана (ж)	[rána]
trauma (het)	травма (ж)	[trávma]

ijlen (ww)	бредить (нсв, нпх)	[bréditʲ]
stotteren (ww)	заикаться (нсв, возв)	[zaikátsa]
zonnesteek (de)	солнечный удар (м)	[sólnetʃnij udár]

65. Symptomen. Behandelingen. Deel 2

| pijn (de) | боль (ж) | [bólʲ] |
| splinter (de) | заноза (ж) | [zanóza] |

zweet (het)	пот (м)	[pót]
zweten (ww)	потеть (нсв, нпх)	[pɔtétʲ]
braking (de)	рвота (ж)	[rvóta]
stuiptrekkingen (mv.)	судороги (ж мн)	[súdɔrɔgi]

zwanger (bn)	беременная	[berémennaja]
geboren worden (ww)	родиться (св, возв)	[rɔdítsa]
geboorte (de)	роды (мн)	[ródɨ]
baren (ww)	рожать (нсв, пх)	[rɔʒátʲ]
abortus (de)	аборт (м)	[abórt]

ademhaling (de)	дыхание (с)	[dɨhánie]
inademing (de)	вдох (м)	[vdóh]
uitademing (de)	выдох (м)	[vɨ̄dɔh]
uitademen (ww)	выдохнуть (св, пх)	[vɨ̄dɔhnutʲ]
inademen (ww)	вдыхать (нсв, нпх)	[vdɨhátʲ]

invalide (de)	инвалид (м)	[invalíd]
gehandicapte (de)	калека (с)	[kaléka]
drugsverslaafde (de)	наркоман (м)	[narkɔmán]

doof (bn)	глухой	[gluhój]
stom (bn)	немой	[nemój]
doofstom (bn)	глухонемой	[gluhɔ·nemój]

krankzinnig (bn)	сумасшедший	[sumaʃǽdʃɛj]
krankzinnige (man)	сумасшедший (м)	[sumaʃǽdʃɛj]
krankzinnige (vrouw)	сумасшедшая (ж)	[sumaʃǽdʃaja]
krankzinnig worden	сойти с ума	[sɔjtí s umá]

gen (het)	ген (м)	[gén]
immuniteit (de)	иммунитет (м)	[imunitét]
erfelijk (bn)	наследственный	[naslétstvenij]
aangeboren (bn)	врождённый	[vrɔʒdǿnij]
virus (het)	вирус (м)	[vírus]

microbe (de)	микроб (м)	[mikrób]
bacterie (de)	бактерия (ж)	[baktǽrija]
infectie (de)	инфекция (ж)	[inféktsija]

66. Symptomen. Behandelingen. Deel 3

| ziekenhuis (het) | больница (ж) | [bɔlʲnítsa] |
| patiënt (de) | пациент (м) | [patsiǽnt] |

diagnose (de)	диагноз (м)	[diágnɔs]
genezing (de)	лечение (с)	[letʃénie]
medische behandeling (de)	лечение (с)	[letʃénie]
onder behandeling zijn	лечиться (нсв, возв)	[letʃítsa]
behandelen (ww)	лечить (нсв, пх)	[letʃítʲ]
zorgen (zieken ~)	ухаживать (нсв, нпх)	[uháʒivatʲ]
ziekenzorg (de)	уход (м)	[uhód]

operatie (de)	операция (ж)	[ɔperátsija]
verbinden (een arm ~)	перевязать (св, пх)	[perevɪzátʲ]
verband (het)	перевязка (ж)	[perevʲázka]

vaccin (het)	прививка (ж)	[privífka]
inenten (vaccineren)	делать прививку	[délatʲ privífku]
injectie (de)	укол (м)	[ukól]
een injectie geven	делать укол	[délatʲ ukól]

amputatie (de)	ампутация (ж)	[amputátsija]
amputeren (ww)	ампутировать (н/св, пх)	[amputírovatʲ]
coma (het)	кома (ж)	[kóma]
in coma liggen	быть в коме	[bɨtʲ f kóme]
intensieve zorg, ICU (de)	реанимация (ж)	[reanimátsija]

zich herstellen (ww)	выздоравливать (нсв, нпх)	[vɪzdɔrávlivatʲ]
toestand (de)	состояние (с)	[sɔstɔjánie]
bewustzijn (het)	сознание (с)	[sɔznánie]
geheugen (het)	память (ж)	[pámɪtʲ]

trekken (een kies ~)	удалять (нсв, пх)	[udalʲátʲ]
vulling (de)	пломба (ж)	[plómba]
vullen (ww)	пломбировать (нсв, пх)	[plombirɔvátʲ]

| hypnose (de) | гипноз (м) | [gipnós] |
| hypnotiseren (ww) | гипнотизировать (нсв, пх) | [gipnɔtizírɔvatʲ] |

67. Geneeskunde. Medicijnen. Accessoires

geneesmiddel (het)	лекарство (с)	[lekárstvɔ]
middel (het)	средство (с)	[srétstvɔ]
voorschrijven (ww)	прописать (нсв, пх)	[prɔpisátʲ]
recept (het)	рецепт (м)	[retsǽpt]
tablet (de/het)	таблетка (ж)	[tablétka]
zalf (de)	мазь (ж)	[másʲ]

ampul (de)	ампула (ж)	[ámpula]
drank (de)	микстура (ж)	[mikstúra]
siroop (de)	сироп (м)	[siróp]
pil (de)	пилюля (ж)	[pilʲúlʲa]
poeder (de/het)	порошок (м)	[porɔʃók]

verband (het)	бинт (м)	[bínt]
watten (mv.)	вата (ж)	[váta]
jodium (het)	йод (м)	[jód]

pleister (de)	лейкопластырь (м)	[lejkɔplástirʲ]
pipet (de)	пипетка (ж)	[pipétka]
thermometer (de)	градусник (м)	[grádusnik]
spuit (de)	шприц (м)	[ʃpríts]

rolstoel (de)	коляска (ж)	[kɔlʲáska]
krukken (mv.)	костыли (м мн)	[kɔstɨlʲíʃ]

pijnstiller (de)	обезболивающее (с)	[ɔbezbólivajuʃee]
laxeermiddel (het)	слабительное (с)	[slabítelʲnɔe]
spiritus (de)	спирт (м)	[spírt]
medicinale kruiden (mv.)	трава (ж)	[travá]
kruiden- (abn)	травяной	[travɪnój]

APPARTEMENT

68. Appartement

appartement (het)	квартира (ж)	[kvartíra]
kamer (de)	комната (ж)	[kómnata]
slaapkamer (de)	спальня (ж)	[spálʲnʲa]
eetkamer (de)	столовая (ж)	[stɔlóvaja]
salon (de)	гостиная (ж)	[gɔstínaja]
studeerkamer (de)	кабинет (м)	[kabinét]
gang (de)	прихожая (ж)	[prihóʒaja]
badkamer (de)	ванная комната (ж)	[vánnaja kómnata]
toilet (het)	туалет (м)	[tualét]
plafond (het)	потолок (м)	[pɔtɔlók]
vloer (de)	пол (м)	[pól]
hoek (de)	угол (м)	[úgɔl]

69. Meubels. Interieur

meubels (mv.)	мебель (ж)	[mébelʲ]
tafel (de)	стол (м)	[stól]
stoel (de)	стул (м)	[stúl]
bed (het)	кровать (ж)	[krɔvátʲ]
bankstel (het)	диван (м)	[diván]
fauteuil (de)	кресло (с)	[kréslɔ]
boekenkast (de)	книжный шкаф (м)	[kníʒnij ʃkáf]
boekenrek (het)	полка (ж)	[pólka]
kledingkast (de)	гардероб (м)	[garderób]
kapstok (de)	вешалка (ж)	[véʃəlka]
staande kapstok (de)	вешалка (ж)	[véʃəlka]
commode (de)	комод (м)	[kɔmód]
salontafeltje (het)	журнальный столик (м)	[ʒurnálʲnij stólik]
spiegel (de)	зеркало (с)	[zérkalɔ]
tapijt (het)	ковёр (м)	[kɔvǿr]
tapijtje (het)	коврик (м)	[kóvrik]
haard (de)	камин (м)	[kamín]
kaars (de)	свеча (ж)	[svetʃá]
kandelaar (de)	подсвечник (м)	[pɔtsvétʃnik]
gordijnen (mv.)	шторы (ж мн)	[ʃtóri]
behang (het)	обои (мн)	[ɔbói]

jaloezie (de)	жалюзи (мн)	[ʒalʲuzí]
bureaulamp (de)	настольная лампа (ж)	[nastólʲnaja lámpa]
wandlamp (de)	светильник (м)	[svetílʲnik]
staande lamp (de)	торшер (м)	[tɔrʃǽr]
luchter (de)	люстра (ж)	[lʲústra]
poot (ov. een tafel, enz.)	ножка (ж)	[nóʃka]
armleuning (de)	подлокотник (м)	[pɔdlɔkótnik]
rugleuning (de)	спинка (ж)	[spínka]
la (de)	ящик (м)	[jáʃik]

70. Beddengoed

beddengoed (het)	постельное бельё (с)	[pɔstélʲnɔe beljǿ]
kussen (het)	подушка (ж)	[pɔdúʃka]
kussenovertrek (de)	наволочка (ж)	[návɔlɔtʃka]
deken (de)	одеяло (с)	[ɔdejálɔ]
laken (het)	простыня (ж)	[prɔstinʲá]
sprei (de)	покрывало (с)	[pɔkrĭválɔ]

71. Keuken

keuken (de)	кухня (ж)	[kúhnʲa]
gas (het)	газ (м)	[gás]
gasfornuis (het)	газовая плита (ж)	[gázɔvaja plitá]
elektrisch fornuis (het)	электроплита (ж)	[ɛléktrɔ·plitá]
oven (de)	духовка (ж)	[duhófka]
magnetronoven (de)	микроволновая печь (ж)	[mikrɔ·vɔlnóvaja pétʃʲ]
koelkast (de)	холодильник (м)	[hɔlɔdílʲnik]
diepvriezer (de)	морозильник (м)	[mɔrɔzílʲnik]
vaatwasmachine (de)	посудомоечная машина (ж)	[pɔsúdɔ·móetʃnaja maʃina]
vleesmolen (de)	мясорубка (ж)	[mɪsɔrúpka]
vruchtenpers (de)	соковыжималка (ж)	[sɔkɔ·viʒimálka]
toaster (de)	тостер (м)	[tóstɛr]
mixer (de)	миксер (м)	[míksɛr]
koffiemachine (de)	кофеварка (ж)	[kɔfevárka]
koffiepot (de)	кофейник (м)	[kɔféjnik]
koffiemolen (de)	кофемолка (ж)	[kɔfemólka]
fluitketel (de)	чайник (м)	[tʃájnik]
theepot (de)	чайник (м)	[tʃájnik]
deksel (de/het)	крышка (ж)	[kríʃka]
theezeefje (het)	ситечко (с)	[sítetʃkɔ]
lepel (de)	ложка (ж)	[lóʃka]
theelepeltje (het)	чайная ложка (ж)	[tʃájnaja lóʃka]
eetlepel (de)	столовая ложка (ж)	[stɔlóvaja lóʃka]
vork (de)	вилка (ж)	[vílka]
mes (het)	нож (м)	[nóʃ]

vaatwerk (het)	посуда (ж)	[pɔsúda]
bord (het)	тарелка (ж)	[tarélka]
schoteltje (het)	блюдце (с)	[blʲútse]
likeurglas (het)	рюмка (ж)	[rʲúmka]
glas (het)	стакан (м)	[stakán]
kopje (het)	чашка (ж)	[tʃáʃka]
suikerpot (de)	сахарница (ж)	[sáharnitsa]
zoutvat (het)	солонка (ж)	[sɔlónka]
pepervat (het)	перечница (ж)	[péretʃnitsa]
boterschaaltje (het)	маслёнка (ж)	[maslɵnka]
pan (de)	кастрюля (ж)	[kastrʲúlʲa]
bakpan (de)	сковородка (ж)	[skɔvɔrótka]
pollepel (de)	половник (м)	[pɔlóvnik]
vergiet (de/het)	дуршлаг (м)	[durʃlág]
dienblad (het)	поднос (м)	[pɔdnós]
fles (de)	бутылка (ж)	[butɨlka]
glazen pot (de)	банка (ж)	[bánka]
blik (conserven~)	банка (ж)	[bánka]
flesopener (de)	открывалка (ж)	[ɔtkriválka]
blikopener (de)	открывалка (ж)	[ɔtkriválka]
kurkentrekker (de)	штопор (м)	[ʃtópɔr]
filter (de/het)	фильтр (м)	[fílʲtr]
filteren (ww)	фильтровать (нсв, пх)	[filʲtrɔvátʲ]
huisvuil (het)	мусор (м)	[músɔr]
vuilnisemmer (de)	мусорное ведро (с)	[músɔrnɔe vedró]

72. Badkamer

badkamer (de)	ванная комната (ж)	[vánnaja kómnata]
water (het)	вода (ж)	[vɔdá]
kraan (de)	кран (м)	[krán]
warm water (het)	горячая вода (ж)	[gɔrʲátʃaja vɔdá]
koud water (het)	холодная вода (ж)	[hɔlódnaja vɔdá]
tandpasta (de)	зубная паста (ж)	[zubnája pásta]
tanden poetsen (ww)	чистить зубы	[tʃístitʲ zúbi]
tandenborstel (de)	зубная щётка (ж)	[zubnája ʃɵtka]
zich scheren (ww)	бриться (нсв, возв)	[brítsa]
scheercrème (de)	пена (ж) для бритья	[péna dlʲa britjá]
scheermes (het)	бритва (ж)	[brítva]
wassen (ww)	мыть (нсв, пх)	[mɨtʲ]
een bad nemen	мыться (нсв, возв)	[mɨtsa]
douche (de)	душ (м)	[dúʃ]
een douche nemen	принимать душ	[prinimátʲ dúʃ]
bad (het)	ванна (ж)	[vánna]
toiletpot (de)	унитаз (м)	[unitás]

wastafel (de)	раковина (ж)	[rákɔvina]
zeep (de)	мыло (c)	[mílɔ]
zeepbakje (het)	мыльница (ж)	[mílʲnitsa]

spons (de)	губка (ж)	[gúpka]
shampoo (de)	шампунь (м)	[ʃampúnʲ]
handdoek (de)	полотенце (c)	[pɔlɔténtse]
badjas (de)	халат (м)	[halát]

was (bijv. handwas)	стирка (ж)	[stírka]
wasmachine (de)	стиральная машина (ж)	[stirálʲnaja maʃína]
de was doen	стирать бельё	[stirátʲ beljǿ]
waspoeder (de)	стиральный порошок (м)	[stirálʲnij pɔrɔʃók]

73. Huishoudelijke apparaten

televisie (de)	телевизор (м)	[televízɔr]
cassettespeler (de)	магнитофон (м)	[magnitɔfón]
videorecorder (de)	видеомагнитофон (м)	[vídeɔ·magnitɔfón]
radio (de)	приёмник (м)	[prijómnik]
speler (de)	плеер (м)	[plǽjer]

videoprojector (de)	видеопроектор (м)	[vídeɔ·prɔǽktɔr]
home theater systeem (het)	домашний кинотеатр (м)	[dɔmáʃnij kinɔteátr]
DVD-speler (de)	DVD проигрыватель (м)	[di·vi·dí prɔígrivatelʲ]
versterker (de)	усилитель (м)	[usilítelʲ]
spelconsole (de)	игровая приставка (ж)	[igrɔvája pristáfka]

videocamera (de)	видеокамера (ж)	[vídeɔ·kámera]
fotocamera (de)	фотоаппарат (м)	[fɔtɔ·aparát]
digitale camera (de)	цифровой фотоаппарат (м)	[tsifrɔvój fɔtɔaparát]

stofzuiger (de)	пылесос (м)	[pilesós]
strijkijzer (het)	утюг (м)	[utʲúg]
strijkplank (de)	гладильная доска (ж)	[gladílʲnaja dɔská]

telefoon (de)	телефон (м)	[telefón]
mobieltje (het)	мобильный телефон (м)	[mɔbílʲnij telefón]
naaimachine (de)	швейная машинка (ж)	[ʃvejnaja maʃínka]

microfoon (de)	микрофон (м)	[mikrɔfón]
koptelefoon (de)	наушники (м мн)	[naúʃniki]
afstandsbediening (de)	пульт (м)	[púlʲt]

CD (de)	компакт-диск (м)	[kɔmpákt-dísk]
cassette (de)	кассета (ж)	[kaséta]
vinylplaat (de)	пластинка (ж)	[plastínka]

DE AARDE. WEER

74. De kosmische ruimte

kosmos (de)	космос (м)	[kósmɔs]
kosmisch (bn)	космический	[kɔsmítʃeskij]
kosmische ruimte (de)	космическое пространство	[kɔsmítʃeskɔe prɔstránstvɔ]
wereld (de)	мир (м)	[mír]
heelal (het)	вселенная (ж)	[fselénnaja]
sterrenstelsel (het)	галактика (ж)	[galáktika]
ster (de)	звезда (ж)	[zvezdá]
sterrenbeeld (het)	созвездие (с)	[sɔzvézdie]
planeet (de)	планета (ж)	[planéta]
satelliet (de)	спутник (м)	[spútnik]
meteoriet (de)	метеорит (м)	[meteɔrít]
komeet (de)	комета (ж)	[kɔméta]
asteroïde (de)	астероид (м)	[astɛróid]
baan (de)	орбита (ж)	[ɔrbíta]
draaien (om de zon, enz.)	вращаться (нсв, возв)	[vraʃátsa]
atmosfeer (de)	атмосфера (ж)	[atmɔsféra]
Zon (de)	Солнце (с)	[sóntse]
zonnestelsel (het)	Солнечная система (ж)	[sólnetʃnaja sistéma]
zonsverduistering (de)	солнечное затмение (с)	[sólnetʃnɔe zatménie]
Aarde (de)	Земля (ж)	[zemlʲá]
Maan (de)	Луна (ж)	[luná]
Mars (de)	Марс (м)	[márs]
Venus (de)	Венера (ж)	[venéra]
Jupiter (de)	Юпитер (м)	[jupíter]
Saturnus (de)	Сатурн (м)	[satúrn]
Mercurius (de)	Меркурий (м)	[merkúrij]
Uranus (de)	Уран (м)	[urán]
Neptunus (de)	Нептун (м)	[neptún]
Pluto (de)	Плутон (м)	[plutón]
Melkweg (de)	Млечный Путь (м)	[mlétʃnij pútʲ]
Grote Beer (de)	Большая Медведица (ж)	[bɔlʲʃája medvéditsa]
Poolster (de)	Полярная Звезда (ж)	[pɔlʲárnaja zvezdá]
marsmannetje (het)	марсианин (м)	[marsiánin]
buitenaards wezen (het)	инопланетянин (м)	[inɔplanetʲánin]
bovenaards (het)	пришелец (м)	[priʃǽlets]

vliegende schotel (de)	летающая тарелка (ж)	[letájuʃaja tarélka]
ruimtevaartuig (het)	космический корабль (м)	[kɔsmítʃeskij kɔráblʲ]
ruimtestation (het)	орбитальная станция (ж)	[ɔrbitálʲnaja stántsija]
start (de)	старт (м)	[stárt]
motor (de)	двигатель (м)	[dvígatelʲ]
straalpijp (de)	сопло (с)	[sɔpló]
brandstof (de)	топливо (с)	[tóplivɔ]
cabine (de)	кабина (ж)	[kabína]
antenne (de)	антенна (ж)	[antǽna]
patrijspoort (de)	иллюминатор (м)	[ilʲuminátɔr]
zonnebatterij (de)	солнечная батарея (ж)	[sólnetʃnaja bataréja]
ruimtepak (het)	скафандр (м)	[skafándr]
gewichtloosheid (de)	невесомость (ж)	[nevesómɔstʲ]
zuurstof (de)	кислород (м)	[kislɔród]
koppeling (de)	стыковка (ж)	[stikófka]
koppeling maken	производить стыковку	[prɔizvɔdítʲ stikófku]
observatorium (het)	обсерватория (ж)	[ɔpservatórija]
telescoop (de)	телескоп (м)	[teleskóp]
waarnemen (ww)	наблюдать (нсв, нпх)	[nablʲudátʲ]
exploreren (ww)	исследовать (н/св, пх)	[islédɔvatʲ]

75. De Aarde

Aarde (de)	Земля (ж)	[zemlʲá]
aardbol (de)	земной шар (м)	[zemnój ʃár]
planeet (de)	планета (ж)	[planéta]
atmosfeer (de)	атмосфера (ж)	[atmɔsféra]
aardrijkskunde (de)	география (ж)	[geɔgráfija]
natuur (de)	природа (ж)	[priróda]
wereldbol (de)	глобус (м)	[glóbus]
kaart (de)	карта (ж)	[kárta]
atlas (de)	атлас (м)	[átlas]
Europa (het)	Европа (ж)	[evrópa]
Azië (het)	Азия (ж)	[ázija]
Afrika (het)	Африка (ж)	[áfrika]
Australië (het)	Австралия (ж)	[afstrálija]
Amerika (het)	Америка (ж)	[amérika]
Noord-Amerika (het)	Северная Америка (ж)	[sévernaja amérika]
Zuid-Amerika (het)	Южная Америка (ж)	[júʒnaja amérika]
Antarctica (het)	Антарктида (ж)	[antarktída]
Arctis (de)	Арктика (ж)	[árktika]

76. Windrichtingen

noorden (het)	север (м)	[séver]
naar het noorden	на север	[na séver]
in het noorden	на севере	[na sévere]
noordelijk (bn)	северный	[sévernij]
zuiden (het)	юг (м)	[júg]
naar het zuiden	на юг	[na júg]
in het zuiden	на юге	[na júge]
zuidelijk (bn)	южный	[júʒnij]
westen (het)	запад (м)	[západ]
naar het westen	на запад	[na západ]
in het westen	на западе	[na západe]
westelijk (bn)	западный	[západnij]
oosten (het)	восток (м)	[vɔstók]
naar het oosten	на восток	[na vɔstók]
in het oosten	на востоке	[na vɔstóke]
oostelijk (bn)	восточный	[vɔstótʃnij]

77. Zee. Oceaan

zee (de)	море (с)	[móre]
oceaan (de)	океан (м)	[ɔkeán]
golf (baai)	залив (м)	[zalíf]
straat (de)	пролив (м)	[prɔlíf]
grond (vaste grond)	земля (ж), суша (ж)	[zemlʲá], [súʃa]
continent (het)	материк (м)	[materík]
eiland (het)	остров (м)	[óstrɔf]
schiereiland (het)	полуостров (м)	[polu·óstrɔf]
archipel (de)	архипелаг (м)	[arhipelág]
baai, bocht (de)	бухта (ж)	[búhta]
haven (de)	гавань (ж)	[gávanʲ]
lagune (de)	лагуна (ж)	[lagúna]
kaap (de)	мыс (м)	[mīs]
atol (de)	атолл (м)	[atól]
rif (het)	риф (м)	[ríf]
koraal (het)	коралл (м)	[kɔrál]
koraalrif (het)	коралловый риф (м)	[kɔrálɔvij ríf]
diep (bn)	глубокий	[glubókij]
diepte (de)	глубина (ж)	[glubiná]
diepzee (de)	бездна (ж)	[bézdna]
trog (bijv. Marianentrog)	впадина (ж)	[fpádina]
stroming (de)	течение (с)	[tetʃénie]
omspoelen (ww)	омывать (нсв, пх)	[ɔmivátʲ]
oever (de)	побережье (с)	[pɔberéʒje]

kust (de)	берег (м)	[béreg]
vloed (de)	прилив (м)	[prilíf]
eb (de)	отлив (м)	[ɔtlíf]
ondiepte (ondiep water)	отмель (ж)	[ótmelʲ]
bodem (de)	дно (с)	[dnó]

golf (hoge ~)	волна (ж)	[vɔlná]
golfkam (de)	гребень (м) волны	[grébenʲ vɔlnî]
schuim (het)	пена (ж)	[péna]

orkaan (de)	ураган (м)	[uragán]
tsunami (de)	цунами (с)	[ʦunámi]
windstilte (de)	штиль (м)	[ʃtílʲ]
kalm (bijv. ~e zee)	спокойный	[spɔkójnɨj]

| pool (de) | полюс (м) | [pólʲus] |
| polair (bn) | полярный | [pɔlʲárnij] |

breedtegraad (de)	широта (ж)	[ʃɨrɔtá]
lengtegraad (de)	долгота (ж)	[dɔlgɔtá]
parallel (de)	параллель (ж)	[paralélʲ]
evenaar (de)	экватор (м)	[ɛkvátɔr]

hemel (de)	небо (с)	[nébɔ]
horizon (de)	горизонт (м)	[gɔrizónt]
lucht (de)	воздух (м)	[vózduh]

vuurtoren (de)	маяк (м)	[maják]
duiken (ww)	нырять (нсв, нпх)	[nirʲátʲ]
zinken (ov. een boot)	затонуть (св, нпх)	[zatɔnútʲ]
schatten (mv.)	сокровища (мн)	[sɔkróviʃa]

78. Namen van zeeën en oceanen

Atlantische Oceaan (de)	Атлантический океан (м)	[atlantíʧeskij ɔkeán]
Indische Oceaan (de)	Индийский океан (м)	[indíjskij ɔkeán]
Stille Oceaan (de)	Тихий океан (м)	[tíhij ɔkeán]
Noordelijke IJszee (de)	Северный Ледовитый океан (м)	[sévernij ledɔvítij ɔkeán]

Zwarte Zee (de)	Чёрное море (с)	[ʧórnɔe móre]
Rode Zee (de)	Красное море (с)	[krásnɔe móre]
Gele Zee (de)	Жёлтое море (с)	[ʒóltɔe móre]
Witte Zee (de)	Белое море (с)	[bélɔe móre]

Kaspische Zee (de)	Каспийское море (с)	[kaspíjskɔe móre]
Dode Zee (de)	Мёртвое море (с)	[mórtvɔe móre]
Middellandse Zee (de)	Средиземное море (с)	[sredizémnɔe móre]

| Egeïsche Zee (de) | Эгейское море (с) | [ɛgéjskɔe móre] |
| Adriatische Zee (de) | Адриатическое море (с) | [adriatíʧeskɔe móre] |

| Arabische Zee (de) | Аравийское море (с) | [aravíjskɔe móre] |
| Japanse Zee (de) | японское море (с) | [jɪpónskɔe móre] |

| Beringzee (de) | Берингово море (c) | [bérinɡɔvɔ móre] |
| Zuid-Chinese Zee (de) | Южно-Китайское море (c) | [júʒnɔ-kitájskɔe móre] |

Koraalzee (de)	Коралловое море (c)	[kɔrálɔvɔe móre]
Tasmanzee (de)	Тасманово море (c)	[tasmánɔvɔ móre]
Caribische Zee (de)	Карибское море (c)	[karíbskɔe móre]

| Barentszzee (de) | Баренцево море (c) | [bárentsɛvɔ móre] |
| Karische Zee (de) | Карское море (c) | [kárskɔe móre] |

Noordzee (de)	Северное море (c)	[sévernɔe móre]
Baltische Zee (de)	Балтийское море (c)	[baltíjskɔe móre]
Noorse Zee (de)	Норвежское море (c)	[nɔrvéʒskɔe móre]

79. Bergen

berg (de)	гора (ж)	[ɡɔrá]
bergketen (de)	горная цепь (ж)	[ɡórnaja tsǽpʲ]
gebergte (het)	горный хребет (м)	[ɡórnij hrebét]

bergtop (de)	вершина (ж)	[verʃína]
bergpiek (de)	пик (м)	[pík]
voet (ov. de berg)	подножие (c)	[pɔdnóʒie]
helling (de)	склон (м)	[sklón]

vulkaan (de)	вулкан (м)	[vulkán]
actieve vulkaan (de)	действующий вулкан (м)	[déjstvujuʃij vulkán]
uitgedoofde vulkaan (de)	потухший вулкан (м)	[pɔtúhʃij vulkán]

uitbarsting (de)	извержение (c)	[izverʒǽnie]
krater (de)	кратер (м)	[krátɛr]
magma (het)	магма (ж)	[máɡma]
lava (de)	лава (ж)	[láva]
gloeiend (~e lava)	раскалённый	[raskalǿnnij]

kloof (canyon)	каньон (м)	[kanjón]
bergkloof (de)	ущелье (c)	[uʃélje]
spleet (de)	расщелина (ж)	[raʃélina]

bergpas (de)	перевал (м)	[perevál]
plateau (het)	плато (c)	[plató]
klip (de)	скала (ж)	[skalá]
heuvel (de)	холм (м)	[hólm]

gletsjer (de)	ледник (м)	[ledník]
waterval (de)	водопад (м)	[vɔdɔpád]
geiser (de)	гейзер (м)	[géjzer]
meer (het)	озеро (c)	[ózerɔ]

vlakte (de)	равнина (ж)	[ravnína]
landschap (het)	пейзаж (м)	[pejzáʃ]
echo (de)	эхо (c)	[ǽhɔ]
alpinist (de)	альпинист (м)	[alʲpiníst]
bergbeklimmer (de)	скалолаз (м)	[skalɔlás]

trotseren (berg ~)   покорять (нсв, пх)   [pɔkɔrʲátʲ]
beklimming (de)   восхождение (с)   [vɔsxɔʒdénie]

80. Bergen namen

Alpen (de)	Альпы (мн)	[álʲpɨ]
Mont Blanc (de)	Монблан (м)	[mɔnblán]
Pyreneeën (de)	Пиренеи (мн)	[pirenéi]
Karpaten (de)	Карпаты (мн)	[karpátɨ]
Oeralgebergte (het)	Уральские горы (мн)	[urálʲskie górɨ]
Kaukasus (de)	Кавказ (м)	[kafkás]
Elbroes (de)	Эльбрус (м)	[ɛlʲbrús]
Altaj (de)	Алтай (м)	[altáj]
Tiensjan (de)	Тянь-Шань (ж)	[tʲánʲ-ʃánʲ]
Pamir (de)	Памир (м)	[pamír]
Himalaya (de)	Гималаи (мн)	[gimalái]
Everest (de)	Эверест (м)	[ɛverést]
Andes (de)	Анды (мн)	[ándɨ]
Kilimanjaro (de)	Килиманджаро (ж)	[kilimandʒárɔ]

81. Rivieren

rivier (de)	река (ж)	[reká]
bron (~ van een rivier)	источник (м)	[istótʃnik]
riverbedding (de)	русло (с)	[rúslɔ]
riverbekken (het)	бассейн (м)	[basæjn]
uitmonden in …	впадать в … (нсв)	[fpadátʲ f …]
zijrivier (de)	приток (м)	[pritók]
oever (de)	берег (м)	[béreg]
stroming (de)	течение (с)	[tetʃénie]
stroomafwaarts (bw)	вниз по течению	[vnís pɔ tetʃéniju]
stroomopwaarts (bw)	вверх по течению	[vvérh pɔ tetʃéniju]
overstroming (de)	наводнение (с)	[navɔdnénie]
overstroming (de)	половодье (с)	[pɔlɔvódje]
buiten zijn oevers treden	разливаться (нсв, возв)	[razlivátsa]
overstromen (ww)	затоплять (нсв, пх)	[zatɔplʲátʲ]
zandbank (de)	мель (ж)	[mélʲ]
stroomversnelling (de)	порог (м)	[pɔróg]
dam (de)	плотина (ж)	[plɔtína]
kanaal (het)	канал (м)	[kanál]
spaarbekken (het)	водохранилище (с)	[vódɔ·hraníliʃe]
sluis (de)	шлюз (м)	[ʃlʲús]
waterlichaam (het)	водоём (м)	[vɔdɔjóm]
moeras (het)	болото (с)	[bɔlótɔ]

| broek (het) | трясина (ж) | [trısína] |
| draaikolk (de) | водоворот (м) | [vɔdɔvɔrót] |

stroom (de)	ручей (м)	[rutʃéj]
drink- (abn)	питьевой	[pitjevój]
zoet (~ water)	пресный	[présnıj]

| ijs (het) | лёд (м) | [lǿd] |
| bevriezen (rivier, enz.) | замёрзнуть (св, нпх) | [zamǿrznutⁱ] |

82. Namen van rivieren

| Seine (de) | Сена (ж) | [séna] |
| Loire (de) | Луара (ж) | [luára] |

Theems (de)	Темза (ж)	[tǽmza]
Rijn (de)	Рейн (м)	[rǽjn]
Donau (de)	Дунай (м)	[dunáj]

Wolga (de)	Волга (ж)	[vólga]
Don (de)	Дон (м)	[dón]
Lena (de)	Лена (ж)	[léna]

Gele Rivier (de)	Хуанхэ (ж)	[huanhǽ]
Blauwe Rivier (de)	янцзы (ж)	[jıntszī]
Mekong (de)	Меконг (м)	[mekóng]
Ganges (de)	Ганг (м)	[gáng]

Nijl (de)	Нил (м)	[níl]
Kongo (de)	Конго (ж)	[kóngɔ]
Okavango (de)	Окаванго (ж)	[ɔkavángɔ]
Zambezi (de)	Замбези (ж)	[zambézi]
Limpopo (de)	Лимпопо (ж)	[limpɔpó]
Mississippi (de)	Миссисипи (ж)	[misisípi]

83. Bos

| bos (het) | лес (м) | [lés] |
| bos- (abn) | лесной | [lesnój] |

oerwoud (dicht bos)	чаща (ж)	[tʃáʃa]
bosje (klein bos)	роща (ж)	[róʃa]
open plek (de)	поляна (ж)	[pɔlⁱána]

| struikgewas (het) | заросли (мн) | [zárɔsli] |
| struiken (mv.) | кустарник (м) | [kustárnik] |

| paadje (het) | тропинка (ж) | [trɔpínka] |
| ravijn (het) | овраг (м) | [ɔvrág] |

| boom (de) | дерево (с) | [dérevɔ] |
| blad (het) | лист (м) | [líst] |

gebladerte (het)	листва (ж)	[listvá]
vallende bladeren (mv.)	листопад (м)	[listɔpád]
vallen (ov. de bladeren)	опадать (нсв, нпх)	[ɔpadátʲ]
boomtop (de)	верхушка (ж)	[verhúʃka]

tak (de)	ветка (ж)	[vétka]
ent (de)	сук (м)	[súk]
knop (de)	почка (ж)	[pótʃka]
naald (de)	игла (ж)	[iglá]
dennenappel (de)	шишка (ж)	[ʃʃka]

boom holte (de)	дупло (с)	[dupló]
nest (het)	гнездо (с)	[gnezdó]
hol (het)	нора (ж)	[nɔrá]

stam (de)	ствол (м)	[stvól]
wortel (bijv. boom~s)	корень (м)	[kórenʲ]
schors (de)	кора (ж)	[kɔrá]
mos (het)	мох (м)	[móh]

ontwortelen (een boom)	корчевать (нсв, пх)	[kɔrtʃevátʲ]
kappen (een boom ~)	рубить (нсв, пх)	[rubítʲ]
ontbossen (ww)	вырубать лес	[virubátʲ lʲés]
stronk (de)	пень (м)	[pénʲ]

kampvuur (het)	костёр (м)	[kɔstǿr]
bosbrand (de)	пожар (м)	[pɔʒár]
blussen (ww)	тушить (нсв, пх)	[tuʃítʲ]

boswachter (de)	лесник (м)	[lesník]
bescherming (de)	охрана (ж)	[ɔhrána]
beschermen	охранять (нсв, пх)	[ɔhranʲátʲ]
(bijv. de natuur ~)		
stroper (de)	браконьер (м)	[brakɔnjér]
val (de)	капкан (м)	[kapkán]

| plukken (vruchten, enz.) | собирать (нсв, пх) | [sɔbirátʲ] |
| verdwalen (de weg kwijt zijn) | заблудиться (св, возв) | [zabludítsa] |

84. Natuurlijke hulpbronnen

| natuurlijke rijkdommen (mv.) | природные ресурсы (м мн) | [priródnie resúrsi] |
| delfstoffen (mv.) | полезные ископаемые (с мн) | [poléznie iskɔpáemie] |

| lagen (mv.) | залежи (мн) | [záleʒi] |
| veld (bijv. olie~) | месторождение (с) | [mestɔrɔʒdénie] |

winnen (uit erts ~)	добывать (нсв, пх)	[dɔbivátʲ]
winning (de)	добыча (ж)	[dɔbītʃa]
erts (het)	руда (ж)	[rudá]
mijn (bijv. kolenmijn)	рудник (м)	[rudník]
mijnschacht (de)	шахта (ж)	[ʃáhta]
mijnwerker (de)	шахтёр (м)	[ʃahtǿr]
gas (het)	газ (м)	[gás]

gasleiding (de)	газопровод (м)	[gazɔ·prɔvód]
olie (aardolie)	нефть (ж)	[néftʲ]
olieleiding (de)	нефтепровод (м)	[nefte·prɔvód]
oliebron (de)	нефтяная вышка (ж)	[neftɪnája vɨ̄ka]
boortoren (de)	буровая вышка (ж)	[burɔvája vɨ̄ka]
tanker (de)	танкер (м)	[tánker]

zand (het)	песок (м)	[pesók]
kalksteen (de)	известняк (м)	[izvesnʲák]
grind (het)	гравий (м)	[grávij]
veen (het)	торф (м)	[tórf]
klei (de)	глина (ж)	[glína]
steenkool (de)	уголь (м)	[úgɔlʲ]

ijzer (het)	железо (с)	[ʒelézɔ]
goud (het)	золото (с)	[zólɔtɔ]
zilver (het)	серебро (с)	[serebró]
nikkel (het)	никель (м)	[níkelʲ]
koper (het)	медь (ж)	[métʲ]

zink (het)	цинк (м)	[ʦɨ̄nk]
mangaan (het)	марганец (м)	[márganeʦ]
kwik (het)	ртуть (ж)	[rtútʲ]
lood (het)	свинец (м)	[svinéʦ]

mineraal (het)	минерал (м)	[minerál]
kristal (het)	кристалл (м)	[kristál]
marmer (het)	мрамор (м)	[mrámɔr]
uraan (het)	уран (м)	[urán]

85. Weer

weer (het)	погода (ж)	[pɔgóda]
weersvoorspelling (de)	прогноз (м) погоды	[prɔgnós pɔgódi]
temperatuur (de)	температура (ж)	[temperatúra]
thermometer (de)	термометр (м)	[termómetr]
barometer (de)	барометр (м)	[barómetr]

vochtig (bn)	влажный	[vláʒnij]
vochtigheid (de)	влажность (ж)	[vláʒnɔstʲ]
hitte (de)	жара (ж)	[ʒará]
heet (bn)	жаркий	[ʒárkij]
het is heet	жарко	[ʒárkɔ]

| het is warm | тепло | [tepló] |
| warm (bn) | тёплый | [tǿplij] |

| het is koud | холодно | [hólɔdnɔ] |
| koud (bn) | холодный | [hɔlódnij] |

zon (de)	солнце (с)	[sónʦe]
schijnen (de zon)	светить (нсв, нпх)	[svetítʲ]
zonnig (~e dag)	солнечный	[sólneʧnij]
opgaan (ov. de zon)	взойти (св, нпх)	[vzɔjtí]

ondergaan (ww)	сесть (св, нпх)	[séstⁱ]
wolk (de)	облако (с)	[óblakɔ]
bewolkt (bn)	облачный	[óblatʃnij]
regenwolk (de)	туча (ж)	[tútʃa]
somber (bn)	пасмурный	[pásmurnij]
regen (de)	дождь (м)	[dóʃtⁱ], [dóʃ]
het regent	идёт дождь	[idǿt dóʃtⁱ]
regenachtig (bn)	дождливый	[dɔʒdlívij]
motregenen (ww)	моросить (нсв, нпх)	[mɔrɔsítⁱ]
plensbui (de)	проливной дождь (м)	[prɔlivnój dóʃtⁱ]
stortbui (de)	ливень (м)	[líven^j]
hard (bn)	сильный	[sílⁱnij]
plas (de)	лужа (ж)	[lúʒa]
nat worden (ww)	промокнуть (св, нпх)	[prɔmóknutⁱ]
mist (de)	туман (м)	[tumán]
mistig (bn)	туманный	[tumánnij]
sneeuw (de)	снег (м)	[snég]
het sneeuwt	идёт снег	[idǿt snég]

86. Zwaar weer. Natuurrampen

noodweer (storm)	гроза (ж)	[grɔzá]
bliksem (de)	молния (ж)	[mólnija]
flitsen (ww)	сверкать (нсв, нпх)	[sverkátⁱ]
donder (de)	гром (м)	[gróm]
donderen (ww)	греметь (нсв, нпх)	[gremétⁱ]
het dondert	гремит гром	[gremít gróm]
hagel (de)	град (м)	[grád]
het hagelt	идёт град	[idǿt grád]
overstromen (ww)	затопить (св, пх)	[zatɔpítⁱ]
overstroming (de)	наводнение (с)	[navɔdnénie]
aardbeving (de)	землетрясение (с)	[zemletrɪsénie]
aardschok (de)	толчок (м)	[tɔltʃók]
epicentrum (het)	эпицентр (м)	[ɛpitsǽntr]
uitbarsting (de)	извержение (с)	[izverʒǽnie]
lava (de)	лава (ж)	[láva]
wervelwind (de)	смерч (м)	[smértʃ]
windhoos (de)	торнадо (м)	[tɔrnádɔ]
tyfoon (de)	тайфун (м)	[tajfún]
orkaan (de)	ураган (м)	[uragán]
storm (de)	буря (ж)	[búrⁱa]
tsunami (de)	цунами (с)	[tsunámi]
cycloon (de)	циклон (м)	[tsɨklón]
onweer (het)	непогода (ж)	[nepɔgóda]

brand (de)	пожар (м)	[pɔʒár]
ramp (de)	катастрофа (ж)	[katastrófa]
meteoriet (de)	метеорит (м)	[meteɔrít]
lawine (de)	лавина (ж)	[lavína]
sneeuwverschuiving (de)	обвал (м)	[ɔbvál]
sneeuwjacht (de)	метель (ж)	[metélʲ]
sneeuwstorm (de)	вьюга (ж)	[vjúga]

FAUNA

roofdier (het)	хищник (м)	[híʃnik]
tijger (de)	тигр (м)	[tígr]
leeuw (de)	лев (м)	[léf]
wolf (de)	волк (м)	[vólk]
vos (de)	лиса (ж)	[lisá]
jaguar (de)	ягуар (м)	[jɪguár]
luipaard (de)	леопард (м)	[leɔpárd]
jachtluipaard (de)	гепард (м)	[gepárd]
panter (de)	пантера (ж)	[pantǽra]
poema (de)	пума (ж)	[púma]
sneeuwluipaard (de)	снежный барс (м)	[snéʒnij bárs]
lynx (de)	рысь (ж)	[rĩsʲ]
coyote (de)	койот (м)	[kɔjót]
jakhals (de)	шакал (м)	[ʃakál]
hyena (de)	гиена (ж)	[giéna]

dier (het)	животное (с)	[ʒivótnɔe]
beest (het)	зверь (м)	[zvérʲ]
eekhoorn (de)	белка (ж)	[bélka]
egel (de)	ёж (м)	[jóʃ]
haas (de)	заяц (м)	[záɪts]
konijn (het)	кролик (м)	[królik]
das (de)	барсук (м)	[barsúk]
wasbeer (de)	енот (м)	[enót]
hamster (de)	хомяк (м)	[hɔmʲák]
marmot (de)	сурок (м)	[surók]
mol (de)	крот (м)	[krót]
muis (de)	мышь (ж)	[mĩʃ]
rat (de)	крыса (ж)	[krĩsa]
vleermuis (de)	летучая мышь (ж)	[letútʃaja mĩʃ]
hermelijn (de)	горностай (м)	[gɔrnɔstáj]
sabeldier (het)	соболь (м)	[sóbɔlʲ]
marter (de)	куница (ж)	[kunítsa]
wezel (de)	ласка (ж)	[láska]
nerts (de)	норка (ж)	[nórka]

bever (de)	бобр (м)	[bóbr]
otter (de)	выдра (ж)	[vīdra]
paard (het)	лошадь (ж)	[lóʃatʲ]
eland (de)	лось (м)	[lósʲ]
hert (het)	олень (м)	[ɔlénʲ]
kameel (de)	верблюд (м)	[verblʲúd]
bizon (de)	бизон (м)	[bizón]
wisent (de)	зубр (м)	[zúbr]
buffel (de)	буйвол (м)	[bújvɔl]
zebra (de)	зебра (ж)	[zébra]
antilope (de)	антилопа (ж)	[antilópa]
ree (de)	косуля (ж)	[kɔsúlʲa]
damhert (het)	лань (ж)	[lánʲ]
gems (de)	серна (ж)	[sérna]
everzwijn (het)	кабан (м)	[kabán]
walvis (de)	кит (м)	[kít]
rob (de)	тюлень (м)	[tʲulénʲ]
walrus (de)	морж (м)	[mórʃ]
zeebeer (de)	котик (м)	[kótik]
dolfijn (de)	дельфин (м)	[delʲfín]
beer (de)	медведь (м)	[medvétʲ]
ijsbeer (de)	белый медведь (м)	[bélij medvétʲ]
panda (de)	панда (ж)	[pánda]
aap (de)	обезьяна (ж)	[ɔbezjána]
chimpansee (de)	шимпанзе (с)	[ʃimpanzǽ]
orang-oetan (de)	орангутанг (м)	[ɔrangutáng]
gorilla (de)	горилла (ж)	[gɔríla]
makaak (de)	макака (ж)	[makáka]
gibbon (de)	гиббон (м)	[gibón]
olifant (de)	слон (м)	[slón]
neushoorn (de)	носорог (м)	[nɔsɔróg]
giraffe (de)	жираф (м)	[ʒiráf]
nijlpaard (het)	бегемот (м)	[begemót]
kangoeroe (de)	кенгуру (м)	[kengurú]
koala (de)	коала (ж)	[kɔála]
mangoest (de)	мангуст (м)	[mangúst]
chinchilla (de)	шиншилла (ж)	[ʃinʃíla]
stinkdier (het)	скунс (м)	[skúns]
stekelvarken (het)	дикобраз (м)	[dikɔbrás]

89. Huisdieren

poes (de)	кошка (ж)	[kóʃka]
kater (de)	кот (м)	[kót]
paard (het)	лошадь (ж)	[lóʃatʲ]

hengst (de)	жеребец (м)	[ʒerebéts]
merrie (de)	кобыла (ж)	[kɔbi̅la]
koe (de)	корова (ж)	[kɔróva]
bul, stier (de)	бык (м)	[bi̅k]
os (de)	вол (м)	[vól]
schaap (het)	овца (ж)	[ɔftsá]
ram (de)	баран (м)	[barán]
geit (de)	коза (ж)	[kɔzá]
bok (de)	козёл (м)	[kɔzǿl]
ezel (de)	осёл (м)	[ɔsǿl]
muilezel (de)	мул (м)	[múl]
varken (het)	свинья (ж)	[svinjá]
biggetje (het)	поросёнок (м)	[pɔrɔsǿnɔk]
konijn (het)	кролик (м)	[królik]
kip (de)	курица (ж)	[kúritsa]
haan (de)	петух (м)	[petúh]
eend (de)	утка (ж)	[útka]
woerd (de)	селезень (м)	[sélezenʲ]
gans (de)	гусь (м)	[gúsʲ]
kalkoen haan (de)	индюк (м)	[indʲúk]
kalkoen (de)	индюшка (ж)	[indʲúʃka]
huisdieren (mv.)	домашние животные (с мн)	[dɔmáʃnie ʒivótnie]
tam (bijv. hamster)	ручной	[rutʃnój]
temmen (tam maken)	приручать (нсв, пх)	[prirutʃátʲ]
fokken (bijv. paarden ~)	выращивать (нсв, пх)	[viráʃivatʲ]
boerderij (de)	ферма (ж)	[férma]
gevogelte (het)	домашняя птица (ж)	[dɔmáʃnʲaja ptítsa]
rundvee (het)	скот (м)	[skót]
kudde (de)	стадо (с)	[stádɔ]
paardenstal (de)	конюшня (ж)	[kɔnʲúʃnʲa]
zwijnenstal (de)	свинарник (м)	[svinárnik]
koeienstal (de)	коровник (м)	[kɔróvnik]
konijnenhok (het)	крольчатник (м)	[krolʲtʃátnik]
kippenhok (het)	курятник (м)	[kurʲátnik]

90. Vogels

vogel (de)	птица (ж)	[ptítsa]
duif (de)	голубь (м)	[gólupʲ]
mus (de)	воробей (м)	[vɔrɔbéj]
koolmees (de)	синица (ж)	[sinítsa]
ekster (de)	сорока (ж)	[sɔróka]
raaf (de)	ворон (м)	[vórɔn]
kraai (de)	ворона (ж)	[vɔróna]

kauw (de)	галка (ж)	[gálka]
roek (de)	грач (м)	[grátʃ]
eend (de)	утка (ж)	[útka]
gans (de)	гусь (м)	[gúsʲ]
fazant (de)	фазан (м)	[fazán]
arend (de)	орёл (м)	[ɔrǿl]
havik (de)	ястреб (м)	[jástreb]
valk (de)	сокол (м)	[sókɔl]
gier (de)	гриф (м)	[gríf]
condor (de)	кондор (м)	[kóndɔr]
zwaan (de)	лебедь (м)	[lébetʲ]
kraanvogel (de)	журавль (м)	[ʒurávlʲ]
ooievaar (de)	аист (м)	[áist]
papegaai (de)	попугай (м)	[pɔpugáj]
kolibrie (de)	колибри (ж)	[kɔlíbri]
pauw (de)	павлин (м)	[pavlín]
struisvogel (de)	страус (м)	[stráus]
reiger (de)	цапля (ж)	[tsáplʲa]
flamingo (de)	фламинго (с)	[flamíngɔ]
pelikaan (de)	пеликан (м)	[pelikán]
nachtegaal (de)	соловей (м)	[sɔlɔvéj]
zwaluw (de)	ласточка (ж)	[lástɔtʃka]
lijster (de)	дрозд (м)	[drózd]
zanglijster (de)	певчий дрозд (м)	[péftʃij drózd]
merel (de)	чёрный дрозд (м)	[tʃórnij drózd]
gierzwaluw (de)	стриж (м)	[stríʃ]
leeuwerik (de)	жаворонок (м)	[ʒávɔrɔnɔk]
kwartel (de)	перепел (м)	[pérepel]
specht (de)	дятел (м)	[dʲátel]
koekoek (de)	кукушка (ж)	[kukúʃka]
uil (de)	сова (ж)	[sɔvá]
oehoe (de)	филин (м)	[fílin]
auerhoen (het)	глухарь (м)	[gluhárʲ]
korhoen (het)	тетерев (м)	[téteref]
patrijs (de)	куропатка (ж)	[kurɔpátka]
spreeuw (de)	скворец (м)	[skvɔréts]
kanarie (de)	канарейка (ж)	[kanaréjka]
hazelhoen (het)	рябчик (м)	[rʲáptʃik]
vink (de)	зяблик (м)	[zʲáblik]
goudvink (de)	снегирь (м)	[snegírʲ]
meeuw (de)	чайка (ж)	[tʃájka]
albatros (de)	альбатрос (м)	[alʲbatrós]
pinguïn (de)	пингвин (м)	[pingvín]

91. Vis. Zeedieren

brasem (de)	лещ (м)	[léʃ]
karper (de)	карп (м)	[kárp]
baars (de)	окунь (м)	[ókunʲ]
meerval (de)	сом (м)	[sóm]
snoek (de)	щука (ж)	[ʃúka]
zalm (de)	лосось (м)	[lɔsósʲ]
steur (de)	осётр (м)	[ɔsǿtr]
haring (de)	сельдь (ж)	[sélʲtʲ]
atlantische zalm (de)	сёмга (ж)	[sǿmga]
makreel (de)	скумбрия (ж)	[skúmbrija]
platvis (de)	камбала (ж)	[kámbala]
snoekbaars (de)	судак (м)	[sudák]
kabeljauw (de)	треска (ж)	[treská]
tonijn (de)	тунец (м)	[tunéts]
forel (de)	форель (ж)	[fɔráelʲ]
paling (de)	угорь (м)	[úgorʲ]
sidderrog (de)	электрический скат (м)	[ɛlektrítʃeskij skát]
murene (de)	мурена (ж)	[muréna]
piranha (de)	пиранья (ж)	[piránja]
haai (de)	акула (ж)	[akúla]
dolfijn (de)	дельфин (м)	[delʲfín]
walvis (de)	кит (м)	[kít]
krab (de)	краб (м)	[kráb]
kwal (de)	медуза (ж)	[medúza]
octopus (de)	осьминог (м)	[ɔsʲminóg]
zeester (de)	морская звезда (ж)	[mɔrskája zvezdá]
zee-egel (de)	морской ёж (м)	[mɔrskój jóʃ]
zeepaardje (het)	морской конёк (м)	[mɔrskój kɔnǿk]
oester (de)	устрица (ж)	[ústritsa]
garnaal (de)	креветка (ж)	[krevétka]
kreeft (de)	омар (м)	[ɔmár]
langoest (de)	лангуст (м)	[langúst]

92. Amfibieën. Reptielen

slang (de)	змея (ж)	[zmejá]
giftig (slang)	ядовитый	[jɪdɔvítij]
adder (de)	гадюка (ж)	[gadʲúka]
cobra (de)	кобра (ж)	[kóbra]
python (de)	питон (м)	[pitón]
boa (de)	удав (м)	[udáʃ]
ringslang (de)	уж (м)	[úʃ]

| ratelslang (de) | гремучая змея (ж) | [gremútʃaja zmejá] |
| anaconda (de) | анаконда (ж) | [anakónda] |

hagedis (de)	ящерица (ж)	[jáʃeritsa]
leguaan (de)	игуана (ж)	[iguána]
varaan (de)	варан (м)	[varán]
salamander (de)	саламандра (ж)	[salamándra]
kameleon (de)	хамелеон (м)	[hameleón]
schorpioen (de)	скорпион (м)	[skɔrpión]

schildpad (de)	черепаха (ж)	[ʧerepáha]
kikker (de)	лягушка (ж)	[lɪgúʃka]
pad (de)	жаба (ж)	[ʒába]
krokodil (de)	крокодил (м)	[krɔkɔdíl]

93. Insecten

insect (het)	насекомое (с)	[nasekómɔe]
vlinder (de)	бабочка (ж)	[bábɔʧka]
mier (de)	муравей (м)	[muravéj]
vlieg (de)	муха (ж)	[múha]
mug (de)	комар (м)	[kɔmár]
kever (de)	жук (м)	[ʒúk]

wesp (de)	оса (ж)	[ɔsá]
bij (de)	пчела (ж)	[pʧelá]
hommel (de)	шмель (м)	[ʃmélʲ]
horzel (de)	овод (м)	[óvɔd]

| spin (de) | паук (м) | [paúk] |
| spinnenweb (het) | паутина (ж) | [pautína] |

libel (de)	стрекоза (ж)	[strekɔzá]
sprinkhaan (de)	кузнечик (м)	[kuznéʧik]
nachtvlinder (de)	мотылёк (м)	[mɔtilǿk]

kakkerlak (de)	таракан (м)	[tarakán]
teek (de)	клещ (м)	[kléʃ]
vlo (de)	блоха (ж)	[blɔhá]
kriebelmug (de)	мошка (ж)	[móʃka]

treksprinkhaan (de)	саранча (ж)	[saranʧá]
slak (de)	улитка (ж)	[ulítka]
krekel (de)	сверчок (м)	[sverʧók]
glimworm (de)	светлячок (м)	[svetlɪʧók]
lieveheersbeestje (het)	божья коровка (ж)	[bóʒja kɔrófka]
meikever (de)	майский жук (м)	[májskij ʒúk]

bloedzuiger (de)	пиявка (ж)	[pijáfka]
rups (de)	гусеница (ж)	[gúsenitsa]
aardworm (de)	червь (м)	[ʧérfʲ]
larve (de)	личинка (ж)	[liʧínka]

FLORA

94. Bomen

boom (de)	дерево (с)	[dérevɔ]
loof- (abn)	лиственное	[lístvenɔe]
dennen- (abn)	хвойное	[hvójnɔe]
groenblijvend (bn)	вечнозелёное	[vetʃnɔ·zelǿnɔe]
appelboom (de)	яблоня (ж)	[jáblɔnʲa]
perenboom (de)	груша (ж)	[grúʃa]
zoete kers (de)	черешня (ж)	[ʧeréʃnʲa]
zure kers (de)	вишня (ж)	[víʃnʲa]
pruimelaar (de)	слива (ж)	[slíva]
berk (de)	берёза (ж)	[berǿza]
eik (de)	дуб (м)	[dúb]
linde (de)	липа (ж)	[lípa]
esp (de)	осина (ж)	[ɔsína]
esdoorn (de)	клён (м)	[klǿn]
spar (de)	ель (ж)	[élʲ]
den (de)	сосна (ж)	[sɔsná]
lariks (de)	лиственница (ж)	[lístvenitsa]
zilverspar (de)	пихта (ж)	[píhta]
ceder (de)	кедр (м)	[kédr]
populier (de)	тополь (м)	[tópɔlʲ]
lijsterbes (de)	рябина (ж)	[rɪbína]
wilg (de)	ива (ж)	[íva]
els (de)	ольха (ж)	[ɔlʲhá]
beuk (de)	бук (м)	[búk]
iep (de)	вяз (м)	[vʲás]
es (de)	ясень (м)	[jásenʲ]
kastanje (de)	каштан (м)	[kaʃtán]
magnolia (de)	магнолия (ж)	[magnólija]
palm (de)	пальма (ж)	[pálʲma]
cipres (de)	кипарис (м)	[kiparís]
mangrove (de)	мангровое дерево (с)	[mángrɔvɔe dérevɔ]
baobab (apenbroodboom)	баобаб (м)	[baɔbáb]
eucalyptus (de)	эвкалипт (м)	[ɛfkalípt]
mammoetboom (de)	секвойя (ж)	[sekvója]

95. Heesters

struik (de)	куст (м)	[kúst]
heester (de)	кустарник (м)	[kustárnik]

| wijnstok (de) | виноград (м) | [vinɔgrád] |
| wijngaard (de) | виноградник (м) | [vinɔgrádnik] |

frambozenstruik (de)	малина (ж)	[malína]
zwarte bes (de)	чёрная смородина (ж)	[tʃórnaja smɔródina]
rode bessenstruik (de)	красная смородина (ж)	[krásnaja smɔródina]
kruisbessenstruik (de)	крыжовник (м)	[kriʒóvnik]

acacia (de)	акация (ж)	[akátsija]
zuurbes (de)	барбарис (м)	[barbarís]
jasmijn (de)	жасмин (м)	[ʒasmín]

jeneverbes (de)	можжевельник (м)	[mɔʒevélʲnik]
rozenstruik (de)	розовый куст (м)	[rózɔvij kúst]
hondsroos (de)	шиповник (м)	[ʃipóvnik]

96. Vruchten. Bessen

appel (de)	яблоко (с)	[jáblɔkɔ]
peer (de)	груша (ж)	[grúʃa]
pruim (de)	слива (ж)	[slíva]

| aardbei (de) | клубника (ж) | [klubníka] |
| zure kers (de) | вишня (ж) | [víʃnʲa] |

| zoete kers (de) | черешня (ж) | [tʃeréʃnʲa] |
| druif (de) | виноград (м) | [vinɔgrád] |

framboos (de)	малина (ж)	[malína]
zwarte bes (de)	чёрная смородина (ж)	[tʃórnaja smɔródina]
rode bes (de)	красная смородина (ж)	[krásnaja smɔródina]

| kruisbes (de) | крыжовник (м) | [kriʒóvnik] |
| veenbes (de) | клюква (ж) | [klʲúkva] |

sinaasappel (de)	апельсин (м)	[apelʲsín]
mandarijn (de)	мандарин (м)	[mandarín]
ananas (de)	ананас (м)	[ananás]

| banaan (de) | банан (м) | [banán] |
| dadel (de) | финик (м) | [fínik] |

citroen (de)	лимон (м)	[limón]
abrikoos (de)	абрикос (м)	[abrikós]
perzik (de)	персик (м)	[pérsik]

| kiwi (de) | киви (м) | [kívi] |
| grapefruit (de) | грейпфрут (м) | [gréjpfrut] |

bes (de)	ягода (ж)	[jágɔda]
bessen (mv.)	ягоды (ж мн)	[jágɔdi]
vossenbes (de)	брусника (ж)	[brusníka]
bosaardbei (de)	земляника (ж)	[zemlɪníka]
blauwe bosbes (de)	черника (ж)	[tʃerníka]

97. Bloemen. Planten

bloem (de)	цветок (м)	[tsvetók]
boeket (het)	букет (м)	[bukét]
roos (de)	роза (ж)	[róza]
tulp (de)	тюльпан (м)	[tʲulʲpán]
anjer (de)	гвоздика (ж)	[gvɔzdíka]
gladiool (de)	гладиолус (м)	[gladiólus]
korenbloem (de)	василёк (м)	[vasilɵk]
klokje (het)	колокольчик (м)	[kɔlɔkólʲtʃik]
paardenbloem (de)	одуванчик (м)	[ɔduvántʃik]
kamille (de)	ромашка (ж)	[rɔmáʃka]
aloë (de)	алоэ (с)	[alóɛ]
cactus (de)	кактус (м)	[káktus]
ficus (de)	фикус (м)	[fíkus]
lelie (de)	лилия (ж)	[lílija]
geranium (de)	герань (ж)	[geránʲ]
hyacint (de)	гиацинт (м)	[giatsínt]
mimosa (de)	мимоза (ж)	[mimóza]
narcis (de)	нарцисс (м)	[nartsís]
Oost-Indische kers (de)	настурция (ж)	[nastúrtsija]
orchidee (de)	орхидея (ж)	[ɔrhidéja]
pioenroos (de)	пион (м)	[pión]
viooltje (het)	фиалка (ж)	[fiálka]
driekleurig viooltje (het)	анютины глазки (мн)	[anʲútini gláski]
vergeet-mij-nietje (het)	незабудка (ж)	[nezabútka]
madeliefje (het)	маргаритка (ж)	[margarítka]
papaver (de)	мак (м)	[mák]
hennep (de)	конопля (ж)	[kɔnɔplʲá]
munt (de)	мята (ж)	[mʲáta]
lelietje-van-dalen (het)	ландыш (м)	[lándiʃ]
sneeuwklokje (het)	подснежник (м)	[potsnéʒnik]
brandnetel (de)	крапива (ж)	[krapíva]
veldzuring (de)	щавель (м)	[ʃavélʲ]
waterlelie (de)	кувшинка (ж)	[kufʃínka]
varen (de)	папоротник (м)	[pápɔrtnik]
korstmos (het)	лишайник (м)	[liʃájnik]
oranjerie (de)	оранжерея (ж)	[ɔranʒeréja]
gazon (het)	газон (м)	[gazón]
bloemperk (het)	клумба (ж)	[klúmba]
plant (de)	растение (с)	[rasténie]
gras (het)	трава (ж)	[travá]
grassspriet (de)	травинка (ж)	[travínka]

blad (het)	лист (м)	[líst]
bloemblad (het)	лепесток (м)	[lepestók]
stengel (de)	стебель (м)	[stébelʲ]
knol (de)	клубень (м)	[klúbenʲ]

| scheut (de) | росток (м) | [rɔstók] |
| doorn (de) | шип (м) | [ʃíp] |

bloeien (ww)	цвести (нсв, нпх)	[tsvestí]
verwelken (ww)	вянуть (нсв, нпх)	[vʲánutʲ]
geur (de)	запах (м)	[zápah]
snijden (bijv. bloemen ~)	срезать (св, пх)	[srézatʲ]
plukken (bloemen ~)	сорвать (св, пх)	[sɔrvátʲ]

98. Granen, graankorrels

graan (het)	зерно (с)	[zernó]
graangewassen (mv.)	зерновые растения (с мн)	[zernɔvíe rasténija]
aar (de)	колос (м)	[kólɔs]

tarwe (de)	пшеница (ж)	[pʃɛnítsa]
rogge (de)	рожь (ж)	[róʃ]
haver (de)	овёс (м)	[ɔvǿs]
gierst (de)	просо (с)	[prósɔ]
gerst (de)	ячмень (м)	[jɪtʃménʲ]

maïs (de)	кукуруза (ж)	[kukurúza]
rijst (de)	рис (м)	[rís]
boekweit (de)	гречиха (ж)	[gretʃíha]

erwt (de)	горох (м)	[gɔróh]
nierboon (de)	фасоль (ж)	[fasólʲ]
soja (de)	соя (ж)	[sója]
linze (de)	чечевица (ж)	[tʃetʃevítsa]
bonen (mv.)	бобы (мн)	[bɔbʏ̃]

LANDEN VAN DE WERELD

99. Landen. Deel 1

Afghanistan (het)	Афганистан (м)	[afganistán]
Albanië (het)	Албания (ж)	[albánija]
Argentinië (het)	Аргентина (ж)	[argentína]
Armenië (het)	Армения (ж)	[arménija]
Australië (het)	Австралия (ж)	[afstrálija]
Azerbeidzjan (het)	Азербайджан (м)	[azerbajdʒán]
Bahama's (mv.)	Багамские острова (ж)	[bagámskie ɔstrɔvá]
Bangladesh (het)	Бангладеш (м)	[bangladéʃ]
België (het)	Бельгия (ж)	[bélʲgija]
Bolivia (het)	Боливия (ж)	[bɔlívija]
Bosnië en Herzegovina (het)	Босния и Герцеговина (ж)	[bósnija i gertsɛgɔvína]
Brazilië (het)	Бразилия (ж)	[brazílija]
Bulgarije (het)	Болгария (ж)	[bɔlgárija]
Cambodja (het)	Камбоджа (ж)	[kambódʒa]
Canada (het)	Канада (ж)	[kanáda]
Chili (het)	Чили (ж)	[tʃíli]
China (het)	Китай (м)	[kitáj]
Colombia (het)	Колумбия (ж)	[kɔlúmbija]
Cuba (het)	Куба (ж)	[kúba]
Cyprus (het)	Кипр (м)	[kípr]
Denemarken (het)	Дания (ж)	[dánija]
Dominicaanse Republiek (de)	Доминиканская республика (ж)	[dɔminikánskaja respúblika]
Duitsland (het)	Германия (ж)	[germánija]
Ecuador (het)	Эквадор (м)	[ɛkvadór]
Egypte (het)	Египет (м)	[egípet]
Engeland (het)	Англия (ж)	[ánglija]
Estland (het)	Эстония (ж)	[ɛstónija]
Finland (het)	Финляндия (ж)	[finlʲándija]
Frankrijk (het)	Франция (ж)	[frántsija]
Frans-Polynesië	Французская Полинезия (ж)	[frantsúskaja polinǽzija]
Georgië (het)	Грузия (ж)	[grúzija]
Ghana (het)	Гана (ж)	[gána]
Griekenland (het)	Греция (ж)	[grétsija]
Groot-Brittannië (het)	Великобритания (ж)	[velikɔbritánija]
Haïti (het)	Гаити (м)	[gaíti]
Hongarije (het)	Венгрия (ж)	[véngrija]
Ierland (het)	Ирландия (ж)	[irlándija]
IJsland (het)	Исландия (ж)	[islándija]
India (het)	Индия (ж)	[índija]

Indonesië (het)	Индонезия (ж)	[indɔnézija]
Irak (het)	Ирак (м)	[irák]
Iran (het)	Иран (м)	[irán]
Israël (het)	Израиль (м)	[izráilʲ]
Italië (het)	Италия (ж)	[itálija]

100. Landen. Deel 2

Jamaica (het)	ямайка (ж)	[jımájka]
Japan (het)	япония (ж)	[jıpónija]
Jordanië (het)	Иордания (ж)	[iɔrdánija]
Kazakstan (het)	Казахстан (м)	[kazahstán]
Kenia (het)	Кения (ж)	[kénija]
Kirgizië (het)	Кыргызстан (м)	[kirgizstán]
Koeweit (het)	Кувейт (м)	[kuvéjt]

Kroatië (het)	Хорватия (ж)	[hɔrvátija]
Laos (het)	Лаос (м)	[laós]
Letland (het)	Латвия (ж)	[látvija]
Libanon (het)	Ливан (м)	[liván]
Libië (het)	Ливия (ж)	[lívija]
Liechtenstein (het)	Лихтенштейн (м)	[lihtɛnʃtǽjn]
Litouwen (het)	Литва (ж)	[litvá]

Luxemburg (het)	Люксембург (м)	[lʲuksembúrg]
Macedonië (het)	Македония (ж)	[makedónija]
Madagaskar (het)	Мадагаскар (м)	[madagaskár]
Maleisië (het)	Малайзия (ж)	[malájzija]
Malta (het)	Мальта (ж)	[málʲta]
Marokko (het)	Марокко (с)	[marókɔ]
Mexico (het)	Мексика (ж)	[méksika]

Moldavië (het)	Молдова (ж)	[mɔldóva]
Monaco (het)	Монако (с)	[mɔnákɔ]
Mongolië (het)	Монголия (ж)	[mɔngólija]
Montenegro (het)	Черногория (ж)	[ʧernɔgórija]
Myanmar (het)	Мьянма (ж)	[mjánma]
Namibië (het)	Намибия (ж)	[namíbija]
Nederland (het)	Нидерланды (мн)	[niderlándi]

Nepal (het)	Непал (м)	[nepál]
Nieuw-Zeeland (het)	Новая Зеландия (ж)	[nóvaja zelándija]
Noord-Korea (het)	Северная Корея (ж)	[sévernaja kɔréja]
Noorwegen (het)	Норвегия (ж)	[nɔrvégija]
Oekraïne (het)	Украина (ж)	[ukraína]
Oezbekistan (het)	Узбекистан (м)	[uzbekistán]
Oostenrijk (het)	Австрия (ж)	[áfstrija]

101. Landen. Deel 3

| Pakistan (het) | Пакистан (м) | [pakistán] |
| Palestijnse autonomie (de) | Палестина (ж) | [palestína] |

Panama (het)	Панама (ж)	[panáma]
Paraguay (het)	Парагвай (м)	[paragváj]
Peru (het)	Перу (с)	[perú]
Polen (het)	Польша (ж)	[pólʲʃa]
Portugal (het)	Португалия (ж)	[pɔrtugálija]
Roemenië (het)	Румыния (ж)	[rumīnija]
Rusland (het)	Россия (ж)	[rɔsíja]
Saoedi-Arabië (het)	Саудовская Аравия (ж)	[saúdɔfskaja arávija]
Schotland (het)	Шотландия (ж)	[ʃɔtlándija]
Senegal (het)	Сенегал (м)	[senegál]
Servië (het)	Сербия (ж)	[sérbija]
Slovenië (het)	Словения (ж)	[slɔvénija]
Slowakije (het)	Словакия (ж)	[slɔvákija]
Spanje (het)	Испания (ж)	[ispánija]
Suriname (het)	Суринам (м)	[surinám]
Syrië (het)	Сирия (ж)	[sírija]
Tadzjikistan (het)	Таджикистан (м)	[tadʒikistán]
Taiwan (het)	Тайвань (м)	[tajvánʲ]
Tanzania (het)	Танзания (ж)	[tanzánija]
Tasmanië (het)	Тасмания (ж)	[tasmánija]
Thailand (het)	Таиланд (м)	[tailánd]
Tsjechië (het)	Чехия (ж)	[ʧéhija]
Tunesië (het)	Тунис (м)	[tunís]
Turkije (het)	Турция (ж)	[túrtsija]
Turkmenistan (het)	Туркмения (ж)	[turkménija]
Uruguay (het)	Уругвай (м)	[urugváj]
Vaticaanstad (de)	Ватикан (м)	[vatikán]
Venezuela (het)	Венесуэла (ж)	[venesuǽla]
Verenigde Arabische Emiraten	Объединённые Арабские Эмираты (мн)	[ɔbjedinǿnnie arápskie ɛmiráti]
Verenigde Staten van Amerika	Соединённые Штаты (мн) Америки	[sɔedinǿnnie ʃtáti amériki]
Vietnam (het)	Вьетнам (м)	[vjetnám]
Wit-Rusland (het)	Беларусь (ж)	[belarúsʲ]
Zanzibar (het)	Занзибар (м)	[zanzibár]
Zuid-Afrika (het)	ЮАР (ж)	[juár]
Zuid-Korea (het)	Южная Корея (ж)	[júʒnaja kɔréja]
Zweden (het)	Швеция (ж)	[ʃvétsija]
Zwitserland (het)	Швейцария (ж)	[ʃvejtsárija]

www.ingramcontent.com/pod-product-compliance
Lightning Source LLC
Chambersburg PA
CBHW071502070426
42452CB00041B/2092